见素见喜

*

当与君相见

在薄情的世界里深情地活着

雪小禅 作品

江苏凤凰文艺出版社
JIANGSU PHOENIX LITERATURE AND ART PUBLISHING, LTD

在薄情的世界里深情地活着

CONTENTS

* *

一捧雪 * 恰似故人归

从前慢 * 珍重待春风

目录 CONTENTS

少年游 * 多情人不老

杏花白 * 相对月明中

弄晴时 * 光阴知味

岁时记 * 山河故人来

目录 CONTENTS * *

临风听 * 春风十里柔情

*

*

一捧雪 * 恰似故人归

往事不断被提及，偶尔有伤疤展示，很快云淡风轻。都是深一脚、浅一脚往前走的人，那些波澜壮阔与逼仄疼痛都同时属于我们。

耽美于每个黄昏、清晨、器物的女子，活得像一株清丽的植物，内心里充满热爱。甚至，热爱生活中每一个刹那。

当与君相见

*

*

我想写寒玉，写她的碧山和猪栏酒吧，从碧山回来后就一直想写，但久久没有提笔，因为不知如何下笔，匆忙下笔总怕写薄了写浅了。

禅宗公案中有一段问答。一个人问禅师："你从哪里来？"禅师说："顺着脚来的。"又问："要到哪里去？"禅师说："风到哪里，我到哪里。"

我忽然想到寒玉，想到碧山，便是这样的答案了。

这个下午，在茉莉花和蔷薇花下看旧帖。翻到王献之《鸭头丸帖》：鸭头丸，故不佳，明当必集，当与君相见。我只觉得"当与君相见"这五个字是留给我和寒玉的，当下铺开宣纸，又拿了小楷，一字字开始写，那茉莉花、蔷薇花，还有午后的雨都恰恰好。

二〇一四年冬日，我去合肥工业大学做讲座，上海的陈彪老师是我故交，他看到我在合肥，给我留言：“小禅，你应该认识寒玉，看看她的猪栏酒吧。她在徽州。”

“猪栏”这名字好奇怪，但亦有不落俗套的动人。寒玉的名字也好，清清淡淡的。我加寒玉的微信，看了她的“猪栏”、碧山，当下只觉得是世外桃源，美得不可方物。又约了春天一定去徽州，去访碧山。

一诺千金。

好像整个冬天就是为了等待春天快来似的。两个人也来来回回地问候着，并不多，偶尔问一声。我在微信中看了寒玉的照片，正大仙容，似佛像一般。眼神温暖淡定。衣是粗布，中长发，中年女子的端丽与大气，是京剧中的大青衣，是杨凝式的《韭花帖》，隔着空间亦能闻到那朴素的香。

四月起程，自驾去徽州，只为去看寒玉。中途历经宣城、泾县、查济、绩溪、歙县，终于抵达黟县。寒玉就在黟县，她是最后一站。

第一日，她安排我和小金住“猪栏一吧”，“一吧”在西递。

西递我来过两次，那时还没有“猪栏”酒吧。小丽来接我们。小丽是她的店员，四十岁左右的女子，干净朴素的长相，提了我们的箱子从卫生院后门穿过去，又弯弯绕绕才到了“一吧”。

正下着雨，徽州的老房子散发出暧昧而潮湿的气息，我熟悉的徽派味道卷土重来。并不陌生，甚至觉得是归去来兮。小金第一次来，兴奋得很。扑过来扑过去，“这里真好，那里真好”。

当然好！寒玉的审美淋漓尽致——朴素低调又极有情调。那本是落魄人家的一个旧宅，几百年了，后来养了猪，成了猪栏。多年前，寒玉花了九万元买下来，别人都笑话她，卖给当地人才两万元。那时寒玉在上海，那时她一个月换一个发型，那时她的早晨从中午开始。

像所有徽派老房子一样，略有阴暗、潮湿，挥之不去的强大气场，像一款老了的重磅真丝。中堂不大，四水归堂的天井。院子也不大——石墨盘、青花、山茶花、青砖、没有上漆的木椅子、藤蔓、雨天。寒玉给我们极温暖的安排，第一天住“猪栏一吧”，第二晚在“二吧”吃饭，住宿在“三吧”。我说自己订房间就可以，她说：“那怎么可以？”斩钉截铁地拒绝了。她的“猪栏”酒吧极红火，如果四五月来，要提前几个月订房间。

给我们安排的房间是里外间。外面有天井，里屋是双人床。纯棉的被罩，老粗布，格子，手工缝制。壁纸是细碎的粉花，淡淡的粉蓝，好看得迷死人。有垂幔在窗的前面，暧昧而温暖。

我坐在厅堂里发呆。舍不得看这一砖一瓦一花一朵，那潮湿的性感就是我的前世，也是韩再芬的前世，所以她演《徽州女人》会那么好。她演出了孤独和疼痛。那天，我仿佛便是那个孤独的徽州女人。韩再芬是徽州人，她身上有一种孤独的气场，她坐在徽州里，坐在黄梅戏里，就是那样孤芳自赏的绝响，美极了。

雨一直下，泡了一杯自带的小禅茶，坐在天井里听雨。微冷。披了暗红的披肩，有人在唱黄梅戏。婉转婀娜。寒玉真是绣心人，每件器物都恰到好处的朴素、低温。纸灯、旧茶缸、格子的老粗布、腌菜坛子里插着芝麻。

与小金去雨中拍照。后来她说：“徽州的照片恐难超越了。”恰如其分的四月。四月的轻欢、老房子的屋漏痕、孤独的黄昏……那个刹那也真是难

* *

漫天都是星星，星星那么低，低到仿佛伸手可及。旷野里的花那么香，沁人心脾。这是人间四月天，这是碧山的四月之夜。万籁俱寂得那么清凉与艳寂，我们甚至舍不得说话，生怕惊动了天地似的，舍不得呼吸。

忘。走在徽州古巷中，倒真的不知今夕是何夕了。

晚餐是小丽炒的菜。苋菜、青笋、鱼，还有鸡蛋汤。家常的徽州风味，地道从容。小丽在这儿七八年了，和另一个年龄与她差不多的女子照看着“猪栏一吧”，倒像日本民宿，简单到像自家人了。我亦欣赏寒玉的识人，只两个中年女子，就像打理自家似的打理着“猪栏一吧”。

次日上午来来回回照相，与小金两个人喜悦到天翻地覆。拍照时常会夸对方倾国倾城，总是笑场。小丽说：“没见过比你们更爱笑的了，你知道你们俩多美吗？”我们说不知道，并举着手机准备录音。那个小院的上午就那样挥霍掉，依依不舍地告别小丽，奔向了寒玉。寒玉在碧山。

先到“二吧”。仿佛游园惊梦，比“一吧”大很多，一看便是大户人家的宅子。寒玉在“三吧”。开车转了几遭，连个牌子也没有。看到“碧山油厂”几个字，没想到“三吧”是油厂改造而成。

再往回转时，看到黄泥的墙，如法云古村一样的建筑，低调、朴素、别具一格。我确定它是“猪栏三吧”。没人敢用这种黄泥的颜色，低调得过分了，其实是一种欲拒还迎。

果然。

终于见到寒玉，去她的屋里喝一款老白茶，才惊觉彼此像见过多少回似的。近得不能再近，连寒暄都没有了——她穿了藏蓝色袍子，半旧，手上有几串菩提，眉宇间是菩萨一样的笑容，比照片还要从容。

与君初相识，犹如故人归。

怎么形容寒玉那一窗山水呢？坐在榻榻米上，残破的原木茶几，台上废旧的玻璃瓶和墨水瓶里插着野花。茶几上有点心、手工的帕子、老白茶、日本粗朴的茶器……而窗外是一窗的山水。山在面前，溪水在面前，古树在面前，油菜花在面前，一切伸手可及。美得敦厚，又美得荡漾。美得盎然，又美得幻影。

我嫉妒了，不仅仅是羡慕啊，有几人能拥有这一窗山水？几乎无言，只觉她是几世修来的福气。一杯素茶，一个素心人，那山那水那光阴。这一刻是卤水点了豆腐，我每与人提及，都是好生羡慕的眼神。

粗瓷碗、小鸟、老土布、黄泥墙、老酒厂，没有招牌，一窗山水，废物利用。这些关键词一直在徘徊，扣打着我的心门。这是碧山的四月，我和寒玉的四月，大隐隐于市的四月。仿佛没有时间概念，这一天和下一天多么相似，慢慢慢慢就老了。老得和徽州老房子一样，有了说不出的禅味和性感。

晚饭在“二吧”。一百多年的老宅子，改建成了“二吧”。从“三吧”步行到“二吧”。路边的油菜花结了籽，牛在耕地，炊烟在升起，麻雀在田野里。“你明年早来会看到非常美丽的油菜花海……”寒玉的酒吧在国际上的名声更甚，国外驴友几乎都知道，包括《纽约时报》在内的好多报纸都报道过。这个我是知道的。我朋友里有几个爱旅游的驴友都来过碧山。

晚餐是难忘的。

腌菜坛子上插着山上采来的野花，一大抱。那餐厅外是小桥流水，是美人靠，是南宋的婉约和旖旎。

炖蹄髈、鱼、青绿豌豆、西红柿炒黄瓜、锅贴。寒玉问：“喝点红酒？”我笑答：“当然。”这样的春江花月夜。蹄髈烧得极香，忍不住将筷子一伸再伸。在碧山，在“猪栏二吧”，在装修得极有情调的房间里，做一场春闺梦。我与寒玉是当与君相见，早晚复相逢。

寒玉的微笑和语速都缓慢，那慢里有吸引人的气息，她穿的衣服有线头，她却并不在意，眉宇之间全是大自在。店长是个爽快厉害的姑娘，微胖，带着俏皮。“我们老板娘要是再瘦些会迷死很多人的，你肯定是我们老板娘的粉丝。”我笑答：“当然是。”

那天我在这所装修简朴低调的老宅子里喝到微醉，竟以为自己是这里的女主人。游走在“二吧”的角角落落，欢喜到不能自禁。那些被抛弃的旧物竟然都妥妥帖帖地放在公共的领域内。烛光里，几个外国驴友正在饮酒，春夜里有一种淡淡的薄凉，但这凉气竟然有说不出的迷人。简直好极了。我真想唱戏呢——大概一百多年前，我便是在这宅子里住着的……

那晚的灯光我始终没忘，还有野花、猪蹄、店小二、店长……还有那些“无用”的东西。

走在回“三吧”的路上，漫天都是星星。星星那么低，低到仿佛伸手可及。旷野里的花那么香，沁人心脾。这是人间四月天，这是碧山的四月之夜。万籁俱寂得那么清凉与艳寂。我们甚至舍不得说话，生怕惊动了天地似的。甚至，舍不得呼吸。

这样的美妙于寒玉是日常，是每天如此。

她在小鸟的叫声中醒来，在翠绿的山川中醒来，在滔滔的溪水中醒来，吃饭，喝茶，聊天，发呆。于我却是奢侈——有多久没有看到满天星光了，有多久没有在星光下走路了？

行至“三吧”。寒玉提前睡去，我与小金在公共区域里发呆喝茶。“三吧”是将有着二百六十年历史的老油坊改建而成，后来人民公社公有化，曾经的历史痕迹到处都是："全国学人民解放军""人民公社好""全世界无产者，联合起来"……这样的标语随处可见。难得的是寒玉未动它们，保留着时代的痕迹，然后重建了空间。木质结构的房梁、黄土墙、老粗布、旧家具……那些二十世纪七八十年代的沙发、破椅子、杯子被放在了恰如其分的地方。每看到这些惜物之人便觉得类似，没事的时候常常去拾荒，拾一些坛坛罐罐，把那些没用的东西搬到家里来。

这种灵魂的相似更饱满更生动更朴素，是前世所带来的气息。比如寒玉，比如设计师马可，比如我。马可曾问我："你确定知道我？"我说："我知道你的孤独你的朴素，你的任性你的饱满，你的异数你的凉气……"她说："这个世界最美妙的事之一，是在孤独中发现同类。同道的人，终会相见。"

"三吧"建在旷野里，建在山水间。朝闻溪水声，暮闻松林音，而所谓的世外桃源，也就是这样了。相比"一吧""二吧"，"三吧"最大，也加入更多寒玉和晓光的设计。晓光（寒玉的丈夫）坐在火炉边添柴，听音乐……和我聊起诗歌、绘画，说起他们曾经写诗。我们说起何多苓、翟永明、北岛、杨炼、顾城、王小妮、余秀华……我们都喜欢余秀华，确定她的诗是上天所赐，闪着灵性之光，涤荡着无与伦比的光芒，但里面灵性的东西太多了。我后来和秀华说："这是天意。"她说："可是，小禅，天意并不好……"

四月的山里还微冷，我们谈着怀斯、达利，也说着光阴……时光就这样静静溜走。夜渐渐深了，睡在那张松软的大床上，看着黄泥加石灰涂的墙，还有木头搭成的房梁，因为没上漆，就有木香。外面是溪水汩汩，就这样睡着了。

第二天早起，去溪水边看山看树，厨房里正在忙活早餐。有女人提着一袋子红薯去溪水里洗，一个小时后，它们被端上早餐桌。

空气好像是甜的，清新到想带一瓶回去，还有一帮深圳来的年轻人。年轻到让人嫉妒。他们喜欢碧山，每年来住几次。早餐简朴却又丰富，玉米、红薯、小米粥、炒土菜……还有现磨的咖啡。盘子碗全是二十世纪六七十年代的老样子，白边白瓷，连朵小花也没有，“人家供销社甩卖，我们买了下来……”像回到了八十年代。

有人在书吧里看书，腌菜坛子里插着芝麻和棉花。有一次我送了素莲芝麻，她带着芝麻过安检，安检员说第一次看到有人带芝麻上飞机。在寒玉这儿看到芝麻和棉花分外亲切，我家里的坛子和罐子里也插着芝麻和棉花。

早餐后决定去碧山的街里转转，寒玉提着一个藕荷色的编织筐，四十块钱从台湾买回来的。藏蓝色袍子衬得她更加朴素动人。

碧山书局开在碧山村，南京先锋书店开的。每去南京便会去先锋书店泡上一会儿。没想到会在村子里开书店，“是一种引导，会有农民来看书……”我们去得早，书店没有开门。我们在村子里游荡，去拜访寒玉的两位旧友，他们也在碧山买了老宅子，就住在老宅子里。“如果有记者想来采访他们，是要来碧山的……”寒玉说。

住在碧山的人都是传奇。

村子里像被时光困住了，到处是七十年代的味道和气息。寒玉与这里的气息不分你我。我无法想象她在大上海的生活，我想，大概也是丝丝入扣的，因为她是寒玉。村子里时光是慢的，一个上午的光阴就这样浪费过去了。“不欲多相识，逢人懒道名”。寒玉的身上有一种清幽的散淡，这种散淡也许与生俱来，也许是碧山给她的。辞别时也没有依依不舍——因为知道还会再来。今年，北京到黄山就开通高铁了，五个多小时就到黄山，到了黄山就到了碧山。我争取坐第一趟高铁来，再来碧山，再访寒玉，讨寒玉一杯老茶喝。

素心以莲

*

*

春天的时候，我把蔷薇放在一个莲花的长瓷盘上拍照，然后发了微博。那个盘子朴素典雅，是在北京 798 艺术区淘来的，可放水果，亦可盛菜肴。

有时，我还把莲花的香插放上去，香是水沉香，点上之后有清冷之味。对于器皿的热爱仿佛永不停息，对完美事物的热爱仿佛与生俱来。

她看到了，然后留言：你的盘子和我的一样。

极简单的一句话。

我眼睛怕光，轻易不看评论，但那天恰巧看了。亦喜欢她的微博名字——素莲家。进去逛了一圈，看到一个会生活的女子：她种花种菜，房前屋后全是坛坛罐罐，坛坛罐罐里种着花花草草。几乎没有她的照片，但文字里有一种生活的气场，又简单又迷人。气场这东西奇怪得很，几行文字，几张图片，然后就有了。

确切点说，我迷上了她的器皿。她拍的那些水杯、酒盅、碗、茶具……都古朴雅致，粗瓷，形状各异，大多有莲花。我果断关注了她，同类的味道，再远也可以闻得到。

我们加了微信。我微信中人不多，三两知己，而且不轻易看。我们说话不多，但我时常去看她的状态。

她在大连，有一个庭院。她热爱那些朴素的器物，热爱花花草草、坛坛罐罐。有时候她带着茶具去河边、花树下喝茶，那些茶具有日本的禅意。她用帽子遮住脸，身上多是素色麻衫，长发，仿佛个子很高。手上多是木质手镯，偶尔也戴玉和青金石。一切皆是从照片中得以判断，但我与这个女子有了诚恳的认同与邀约。我想看她的庭院以及那每天变换的器物，一个喜欢器物的女子对生活必然有着深切的热爱。

临睡前，她会放些英文歌，我会听，这亦是一种认识。“慢下来，把日子过成诗。”她明显是一个隐士。与我一样，她不看报纸、电视、流行杂志。仿佛与世隔绝，但分明又感觉到内在的力量，饱满、生动、丰盈。

越来越少与人聊天，精神高度与精神强度决定一切。宁可沉默，或者选择阅读。阅读范围越来越挑剔。精心选择书目，到手后有的反复阅读、勾勾画画。有的只读一页便知气息，弃之。朋友也一样，所有的挑剔无非是追求内心格局。我向来孤独，仿佛与生俱来。她亦彰显出独来独往的状态。我们偶尔交谈，她的声音低沉厚实，一个人的声音决定气息。我坚信自己的判断，这是年龄赋予的财富。

恰巧八月在大连有笔会。如果不是她在大连，我会拒绝。对于热闹、乏味的笔会已不感兴趣，但恰好她在。于是，恰好我来。

她听了极喜，问在外面吃还是在家里吃。我说，家里。

家是一个女人的道场，有什么样的审美就有什么样的家庭布局。我的书《繁花不惊，银碗盛雪》曾用了家中许多场景做插图，古旧的瓷器瓦罐、老家具、江南织锦、珊瑚朴、小叶紫檀……绿雪诗意的琐碎，生活点滴的细节，可独饮，可把玩。

我长期一个人在屋子里发呆、喝茶、听戏，在书中与古人聊天，甚是欢喜，有时连续十天不出门。亦不洗脸，赤脚走在地板上，着睡衣。屋内饰物俱有生命，种了绿萝、铜钱草。到处都是。

一个人待独了，不喜与人往来，但内心丰富生动，充满不安与诗意，恰如其分。像看似荒凉的土地遍开桃金娘，妖娆极了。素莲身上透露出来的气息，恰恰是那朵荒野上的桃金娘。

原来这盛大与朴素都让人心里荡漾，我是这样怀着私心去了大连，为了邂逅另一个自己，那是久别重逢的认知。

我们几乎一眼认出对方。不，不是几乎。就是一眼，一眼认定。

对于人群的长期审美疲劳在这一刻重新被唤醒。颀长的身段，米色麻质长裙，因为瘦，那裙子仿佛飘荡着进来。长发，平底麻质凉鞋，米色麻帽，有黑边。那墨镜突兀的黑，肩上的包是麻编的，松松垮垮的气质完全惊艳。其他人仿佛不在。除了短发，我与她并无二异。同样米色麻质的长裙。

她足有一米七三，果然。

两个高个子女人“飘”上车。她的车是吉普，凌志。音乐是外国音乐，听不出是谁，没有太多寒暄。精神内核高度一致，自然气质一见钟情。

她突然摘下墨镜，随即告知年龄：我不小了。我吓了一跳，这样的坦诚让人心热。她眼窝深邃，似有欧美血统，皮肤好得惊人，但眼角有略微的鱼尾纹。

我亦告之年龄。我与素莲同龄，但她摘下墨镜那刻的坦荡真激烈，像有赤子之心的人赤烈相见，简直一切都不顾及了，那坦诚居然可以让人心跳。

如同一见钟情，似是故人来。这个刹那真可以记一辈子。

她戴上黑色蕾丝长手套开车，那诱惑分外性感直接。她的优雅与野气集于一身，浩荡又放纵，放肆又内敛，又古秀又苍茫又天真。我与“我”重逢邂逅了，那般自然又那般端丽，我简直惊得不能自已。

这久违的惊喜。

她的家在郊区。有一次她告诉我去山里找石头，走了很远。山里有农民用过的磨盘和旧物，她捡了很多回来。还有一次她去山里一个寺庙，看到路边有盛开的野花，一片茂郁的白花，她说要带我去那里喝茶。她去那个寺庙吃了素斋，又在溪水边喝茶。她的车中装着茶具。

她做过的事情，我亦是这样做过。家里的磨盘是从农村拉来的，沉得很。她的庭院在山上，起伏错落。拾级而上，她像在画中走。欧式建筑别墅群。低矮的木门，姜黄色外墙砌了斑驳的石头，朴素内敛。

除了苏州叶放先生家的私家庭院，这是第二个让我心动的院落。

我觉得语言与情绪都是多余的。

铺天盖地的花花草草、罐、坛、缸、草编筐、瓶子。叫不出名字的花儿，紫色、绿色、黄色、红色、白色……颜色缠绕在小院子中，都是些不张扬的小花。没有硕丽的大花。碎石子铺就的小径，红砖砌的台子摆满了一瓦罐又一坛子花儿……猫儿肥，卧在花间。鸟笼挂在木制席子上，有好几个。

从鸟笼看过去，窗户里有几个女子在厨房里忙着。她们亦穿麻，有包饺子的，有烤鱼的，桌子上有美极了的器皿，里面盛着螃蟹、虾、冷拼肉。泰国的大木碗里是蔬菜沙拉，粗瓷盘里有葡萄、猕猴桃、芒果块、冰块。雕着绿花朵的透明水杯里是清凉柠檬水。灯亮着，昏黄的灯光照在壁炉上和餐桌上。

我以为不是在人间。那几个女子，分明是聊斋中的仙女，却又真实得凛冽生动，一下子亲得似旧友。

木质门上面有铁艺花雕。一切细节足以令人陷入崩溃边缘。迫不及待想融入，并且成为其中最贴切的一部分。

“小禅来了。”素莲轻声说。

屋内的饰物繁芜而温暖。一个人的品位与格局从她的饰物与器皿便知一二。素莲在日本待过六年，这六年可塑造一个人内心的清冽之格局。

壁炉上堆放着坛子。干花插在日式器物中。收纳箱是柳条编制。木质柜子是旧物，上面有莲花。墙上有盘子，暗色的盘子上有细碎的花。枝形吊灯，铁艺盘花。地面是亚光地板。沙发上的靠垫亦是麻质的，有暗花。餐桌是实木的，有暗色纹理。椅子拙朴，实木，亦是低调暗色。餐桌在窗前，落地玻璃。窗外有拥挤的盆栽植物和鸟笼。灯光映在透明玻璃上，不真实。

灯光昏黄，映在散发热气的食物上。鲍鱼是刚从海里打上来的，肥美壮硕，只要十块钱一只，被整齐放在粗瓷盘里，那粗瓷盘上画着一枝朴素的莲花。

走进来的女子，手捧一束白玫瑰。还带着露水，她戴英伦帽子，穿白色衬衫，那白玫瑰有了干净的意味。

“送你的。”她递给我，抿嘴一笑，似民国素人。

我拾级而上，去二楼。二楼是素莲的卧室，卧室大，半间屋做成了榻榻米。窗前有茶几、靠垫、草甸子、茶。坐榻上聊天。她的袜子放在旧箱子中，一卷卷整齐得很。长条桌在榻的一侧，依然堆满器物。每件器物都朴拙经典，看得出女主人的心思。

床亦实木，还有竹编的痕迹。床单是二十世纪八十年代的手工钩物，纯棉。一张白色钩单，甚是怀旧。

二楼北边是书房。老榆木书桌堆着她看的书，与我之阅读趣味有极多相似。我看到木心，还有《长物志》……旧式沙发，实木书架在书桌后面，那些书是素莲的内心。还有一张旧桌子，上面有老唱机。在恋旧上，每个对器物热爱的女人都一样。

墙纸是细碎的小花，淡雅怀旧。书房还有暗花地毯，舍不得踩下去。

三楼，保持了怀旧格局，却又清新。这里是素莲的世界，她自己的气场充满每一个空间、时间。二楼、三楼是实木地板。木质原色，有纹理，赤脚踩上去极舒服。

“我经常一个人赤脚走来走去，有时一个人待上很多天，不愿意去市里。”

又来了一个女子，她自制了小月饼，每一个都有精美包装。豆沙馅儿、巧克力馅儿、枣泥馅儿、花生馅儿……小月饼动人极了，舍不得吃。我热爱这些热爱生活细节的女子。

寿司也送来了，鱼子很鲜冽，还有三文鱼、紫菜，一下吃了好几个。

晚餐在院子里的廊下吃。我与素莲搬出一坛清酒。用青果与糯米酿制，打开的瞬间，有洌洌清香。

那清酒打开的瞬间，有空灵的神秘香。“你来了才舍得打开。”她说。

这分明是游园惊梦中的一折。

螃蟹正鲜，虾正肥美，清酒恰恰好。寿司味道纯正，冷切正香。蔬菜沙拉是我拌的，木制的勺子来自日本。浅语低笑，与世隔绝的幸福，没有时间、时代。

酒已至半酣。天已黑了，点了烛台，桌上的食物散发出迷醉之色，食物本身就有一种说不清的诱与惑，心旌摇荡。人自醉，心寂寂，却生出老荒之味，开出嫩花。

我唱了戏，自然是《惊梦》。

猫儿卧在我身边，睡着了，星星出来了。

那是我与素莲之惊梦。

一个月后，我们第二次见面。九月十二日，在大连理工大学讲座《光阴的力量》。她抱来一束紫色的菊花，安静地坐在第一排，依然是帽子、长发……这次是棉麻的黑色长裙，墨绿色背心，黑色钩织外罩。那外罩的孔隐约露出绿色的俏丽，有陡峭的性感。

我们似昨天才分开，却又像从未分开。

那天晚上我讲了很多年少往事，成绩差、骑单车远行、把死老鼠放进男生抽屉里……还讲了一个动人的爱情故事。

那个故事是这样的。十七岁的男孩和女孩早恋了，他们是省重点高中的

美是这样让人生动，我们甚至觉得选择一个盛南瓜的筐放在屋子里是多么重要……我们热爱着生活的细节和温度，这些温度恰巧是生活的支撑，所有的细节都那么有温度。

优秀生。他们本来是各自被保送去清华大学、北京大学的，但他们早恋了。他们早恋是因为喜欢我的小说《无爱不欢》，学校取消了他们的保送资格，他们没能在同一所大学读书。高考后，女孩考上四川大学，男孩考上吉林大学。

为了看对方一眼，他们要坐三天三夜的火车去对方的城市。有一次假期为了给对方一个惊喜，他们同时出发去了对方的城市，同时站在了对方楼下。

我讲到这儿的时候，看到她眼圈红了。她的眼神一直热烈地看着我。

那样的热烈让我难忘。

之后呢？有同学问。之后男孩女孩为了同在一个城市而考研，他们选择了北京。男孩学的是外语，上了北京外国大学。女孩的专业很奇特——考古专业。社科院招，但全国的名额只有一个。

她考上了吗？同学们问我。我也问大家，并且问在场的近千人，你们觉得他们会在一起吗？只有大概十个人举手，认为他们会在一起。素莲没有举手。她后来说，她这个年龄的人已经不太相信童话。

但他们在一起了，从高二到研究生。那时我在中国戏曲学院教学，他们找到我，只提出一个要求，他们结婚时，让我当证婚人……

素莲落泪了。我说，大连这个城市，因为有了素莲，让我觉得有另一个自己，这次来大连多半是因为她。

我们同龄，所有的经历都如此相似，共同的回忆与气场，像两株有相同DNA 的植物。

九月十三日早晨，她开着那辆紫色凌志吉普来大连理工大学接我去她家。

车上放了野花，是她路边采来的格桑花。我们都喜欢那清瘦、野性的小花，不喜欢壮丽肥硕的花。她的庭院里种了上百种小花，没有硕大的花。我没有庭院，也是只养小花。捡来的瓶瓶罐罐里，种满了铜钱草，绿萝、野菊。

“你好像没走。”

“我好像昨天才离开，今天又来了。”

车在山路上飞驰。听着英文歌。冷气开得十足。她的栗色长发柔美旖旎，动人极了。墨绿色背心低调朴素，却有不请自来的性感。我穿了橘红的裙子，宽大自在。黑色短发，绿色绣花鞋。

“小禅，你像个少年。”素莲说。

那么，素莲有少女气息。

而我们眼角已有鱼尾纹，未交流化妆品牌子，从未，甚至抵触牌子。

“我没有买过任何奢侈品牌的衣服、包。”

“我也是。”

“我认为它们不值，那只是炫耀的一种标志。”我们俩周围不乏这样的女人。除了钱一无所有，只有花钱一条路——美容、买衣服，一掷千金，仍然空虚、寂寞、无聊。

我们只喜欢去小店淘衣服，几十块钱，多了不过几百。棉、麻为主，只选适合自己的。因为个子高，更偏爱长裙。只不过，她偏爱深色系，我偏爱浅色系。她在日本生活六年，服装亦受日本影响，我偶尔有艳丽的宝蓝、明黄，她基本是黑、白、灰。

走山路，看见农民的集贸市场，她每天来这里买新鲜的菜。丈夫在大学做教授，她叫他伍哥。伍哥每周回来两三天，大部分时间做科研，是研究学问的人。女儿住寄宿学校。是私立学校，一两年后准备出国读书。

大部分时间她一个人待着。有一只狗叫“不丢”。因为之前丢了一只狗，好心疼，养了这只干脆叫“不丢”，那些花草和坛坛罐罐全是她的陪伴。“我最喜欢早晨的时光，空气是清新的。我去给花儿们浇水、施肥，下过雨的庭院有些湿，能闻得见空气中的花香。”

她有时会穿雨靴，她的雨靴有小碎花，绿色的。然后动手做早餐，一般做日式早餐，站在窗前看着外面的花和植物做早餐。偶尔窗外还有猫，洗着碗听着音乐，心里充满了喜悦。

一个美好的早晨十分重要……然后喝早茶，英式早茶，或者白茶。之后去店里，开始一天的工作。店里有员工，有时她懒了几天不去，赖在家里发呆，什么也不做，只是发呆……一个人待着很好。

素莲有个店，专卖各种各样的艺术瓷器，有几千种——画着莲花的陶罐、杯子、盘子、插花瓶……很多器皿都有超过你想象的美，过分的美。有些美得让人寸步难行——我们的缘起也是因为一件莲花的器皿。几乎每件都独一无二，来自景德镇设计师的作品有很多。

我们对器皿有难得的眷恋与独到的审美，她亦喜欢我家中摆设。微博中，我偶尔会拍些器具放上去。那些器具都是一件件淘来的，有的来自国外，有的来自“798”、集市、地摊、小店。

她对器物有偏执的痴狂。家中柜子中摆满了造型各异的盘子、碗、茶盏……几百个不止。她仍然嫌柜子太小。每一次吃东西用的器皿绝不相同，每一件都精美绝伦。我的记忆停留在上次来的晚宴，是我和她的游园惊梦……

素莲本来是给店起的名字，叫“素莲家”。

“我父母都是军人，父亲在海军基地，母亲在军队医院，所以起名叫‘兵兵’。同学和家人都叫我兵兵，后来认识的朋友叫我素莲。”

部队大院——这样的关键词让人羡慕。二十世纪七十年代的部队大院相当于贵族。她随父母在旅顺的部队大院住。从前的日子慢，光阴慢，大院里的槐花开了，谁家的鸡又下蛋了，孩子们每天挤在一起玩。

她有一段时间被送到乡下的外婆家。有一到两年的乡村生活。我们都有一个紧挨着的弟弟。我那时也被送到乡下外婆家，母亲在灯泡厂上班，父亲在无线电厂上班。无暇顾及我。乡村生活八年，所有农作物我全认识。玉米、麦子、棉花、芝麻、南瓜、土豆……秋天的时候，躺在棉花垛上发呆，吃生的土豆、茄子、红薯。

衣服是外婆做的，有碎花补丁，鞋底是外婆油灯下纳的。六七岁时，我们都在乡下农村过着清苦的日子，盼望着被城里的父母接回去，盼着过年。过年有新衣裳穿，有肉吃。

“现在再也不盼过年了，没意思了。一到过年就慌张，怕乱，那种热烈的气氛不属于我。”素莲开始煎茶，英式早茶。外面的阳光照射进来，我们坐在窗前说幼童时代。

“你见过杀猪吗？”

“当然。小时候过年都要杀猪。猪下水灌了香肠，煮熟的猪肝顶香。”

我推荐她看毕飞宇《苏北少年“堂吉诃德”》。她前几日刚看完，非常感慨，二十世纪七十年代的穷苦留下了永生抹不去的伤痕。

我至今不喜欢吃玉米面。那时整个冬天都是白菜、豆腐。土豆都极少，永远是炖白菜。素莲的家中也堆满了白菜和蜂窝煤。她那时的理想是当一个护士，因为喜欢护士手中的瓶瓶罐罐。“那些五颜六色的瓶瓶罐罐是喜欢器具的开始，本来生命中便有这些琐碎的细。后来又去日本，深受他们影响，对器物有一种知己之感。”

说到一九七六年。那时我们六七岁。唐山大地震，伟人去世。我们懵懂茫然，只记得到处是白花、黑衣、泪水、泣不成声。

“那时就感觉天塌了。母亲流着眼泪从医院回来，我和弟弟不敢大声说话，连出气都静静的。”她用蜡烛给茶加着热。

“我也是，而且，也跟着哭，虽然不知道为什么那么难过，但就是觉得出大事了……”

“地震棚你住过吗？”她问我。

“当然住过，塑料布和帆布搭的，漏水。从唐山运来的伤员分送全国各地。那时叫一方有难，八方支援。很多人扎着绷带。河北是重灾区，我母亲腿上被划破口子，缝了很多针，至今有伤疤……我开始想知道天空有多高，用竹竿去寻找天空中的星星，思考宇宙到底有多大？在地震棚中听雨声，第一次失眠。”

素莲回忆偷邻居家鸡蛋。那时我家也养鸡，哪一只鸡生蛋，母亲极清楚。素莲看到邻居家鸡窝中的鸡蛋，蠢蠢欲动。那时的鸡蛋是奢侈品，来了亲戚朋友才肯炒几个鸡蛋、烙几张饼。记得有一次父亲的朋友来，母亲烙了几张饼，炒了五个鸡蛋，我坐在桌边看着父亲和那个男人吃，指望他们能剩下一些，结果他们俩吃得精光。我气坏了，冲着我妈发脾气，嫌她做的白菜汤难吃，简直有些气急败坏地拿筷子戳啊戳。

那时，我们对鸡蛋充满了渴望。

素莲把手伸进鸡窝里，握到了一枚热乎乎的鸡蛋，还带着血丝。呵，真好！她揣着它回家。她有了一枚鸡蛋。

邻居丢了鸡蛋，自然会找。鸡蛋被母亲发现了，素莲遭到了恶打。“那顿暴打，我至今能记得，太惊天动地了。整个身体是青一片紫一片，我自此明白了一个道理，别人的东西再好，也不能摸……”我们在二十世纪七十年代里艰苦地生活，朴素、自然、天真、拙气。整个童年物质生活匮乏，但精神质地异常敦厚。

说话中途，素莲换了白茶，亦换了另一套器皿。白瓷，景德镇瓷、汝窑、晓芳窑、问鼎窑……素莲的器皿不问来路，却自有一种不明来历的美。

白茶三年便有药性。F送我七年老白茶，煮过之后有枣香。收集茶叶渣做一个茶枕，里面放了枕草子和决明子。生活的日常在于琐碎的细节，生活本身便是艺术。如何艺术地生活，其实是一种修行。而我近几年养成喝老茶之习惯，每日早晨必喝茶，老白茶和普洱居多，喝透了方才去写作画画，有时候什么都不干，就喝茶听戏，看着日光的影子照进来……日子是这么美、这么老。

素莲一直放着英文歌，声音极低，仅仅是背景音乐。窗外的光线有金属的光泽，是秋天了，九月的秋天。

“我现在刚开始有点喜欢春天，从前喜欢秋天，因为秋天有好多吃的……春天也好，春天有那么多花，花都开了以后，美得寸步难行。”素莲家院子里有上百种小花，有很多我叫不出名字，但她能叫出它们的名字，视它们如芳邻、知己。她有几个花友，大家常常一起探讨养花的方法。

我们去院子里待着。院子中有农村拾来的磨盘，实木桌子、椅子、随意放置的坛子、罐子。陶器随处都是，看似闲花、实则有意，一个人的趣味在于无意之间。“中国人都希望有个庭院，特别是内心有情怀的人，更喜欢院子。”因为院子里面可以种花花草草，可以摆坛坛罐罐，美的东西总是让人心颤，怦然心动的刹那，便是对生活全部的满足。

我们共同说起塔莎奶奶。她住在十八世纪里的古堡里，穿朴素衣服，养花、种草、园艺、画画……猫呀狗呀，把自己活成一种方式，活得没有时间和年龄，这是最美的修为。与光阴化干戈为玉帛，把光阴的荒凉和苍老做成一朵花别在衣襟上。

朴素的情怀一直有。说到紫式部、清少纳言、三岛由纪夫、川端康成、东山魁夷……又提及《东京梦华录》《武林旧事》《长物志》《闲情偶记》《夜航船》……对于生活中细节的偏爱是一样的深情。

我们两个人仿佛生活在南宋。谈话一直被某个令人兴奋的事物打断，尔后再继续。

中间去二楼她的卧房和书房，亦不知为何二人便觉得地老天荒了。书房铺了毯子，旧沙发、旧柜子，分外有味道。老榆木的书柜和案几、老收音机。书不多，但审美趣味已确定。

卧室贴了碎花壁纸，很安静素雅。床上是手工的钩物，靠垫也是手工钩物。卫生间、沙发垫，都是白色的手工钩物，各种各样繁芜的图案，自有一种清秀格调。“我从小便偏爱手工钩物，谁家窗帘上挂了一块便觉得十足洋气，收集了很多手工钩物，有一种家常和琐碎的美，你走时送你几块……”

没有见过手工钩物比素莲更多的女子，简直铺天盖地。她喜欢什么都带着放纵。“我是不节制的。”她自己说。男人大抵会觉得家中器物太多、杂乱，但每个女人都会喜欢家中气场强大，步步为营，每个什物简直都有惊喜。

“我希望家中布满东西，各种器皿、花、植物……只容我能走过去就可以，有条小径就可以。我还缺少平面，如果有平面，还会摆满器物……”素莲自语。这些器物已充斥每个角落。她仿佛嫌不够——她待它们如知己。

“你不在的时候，我就和它们说话，和花儿说话，自言自语。我没有圈子，也不喜欢圈子。有几个花友，还有一个朋友，她们和我一起去山里寻宝。山里的农民家有很多宝贝，腌菜坛子、小板凳、被扔掉的瓦罐、木制品、石磨盘……我们当宝贝一样捡回来。你看你看，手工袜子，老太太织的手工袜子……”

她拿出几双长长的手工毛线袜子，上面有黄色小碎花。紫色的、藏蓝的……我们套在脚上，在床对面的榻榻米上聊天。

“该说少年了，八十年代。”

“对对，八十年代。那真是一个好玩的年代，热气腾腾的，好像每个人都非常饱满，你喜欢张蔷吗？”

她开始放张蔷的歌曲。

一个尖锐、妖媚、动荡的声音回旋起来。张蔷的声音独一无二，恰如人群中那最特立独行的女子，抑或植物中最招摇的那个——再招摇也不嫌招摇。那是二十世纪八十年代无可替代也再不能复制的标记。

素莲的表妹禹希推门进来，安静地招呼、微笑。后来证明，她的存在是巨大的温暖，形同空气与隐形人，却又提示着这场长谈的存在。

禹希带来皮皮虾、蔬菜，开始给我和素莲拍照。

“得炖点萝卜，萝卜的气味非常重要……”

素莲放上清水、葱、姜、笋、白萝卜，砂锅极精美。几分钟之后，萝卜的气味充斥房间。依然在放着张蔷的歌，我们同唱。

“好好爱我不要犹豫……”禹希无法理解我们这样迷恋这个怪异女人尖锐的声音，因为一切和少年有关。

萝卜的气味更浓烈了。前几天去日本，素莲嘱咐我必买“关东煮”，然后去逛日本的百元店。“百元店非常有意思。”我买了日本的酱油、眼药水、味增汁，当然还有关东煮。日本有一种清冽的味道。

我的另一个女友张书林，她鬼魅、妖娆，带着粉艳艳的妖气。素莲不是，素莲的气场是清冽简贞的。一箪食，一瓢饮，一杯酒，一个人。像是未婚的女子一个人住，她身上未有光阴痕迹。瘦高的身材保持着少女的神态。脚踝极细。长裙极风情地拖到地上。她染了近乎黑色的脚指甲，仿佛是为了配合栗色的长卷发。

拍了很多照片。我们看着远方，我们交谈、侧目。禹希是个熟练而有味道的摄影师，她能捕捉到我和素莲最好的瞬间。

之后禹希在厨房里忙活，我与素莲继续聊八十年代。

“那时你在干什么？”她问我。

“改革开放了，父亲从无线电厂辞职下海，开始维修收音机，一天能赚到母亲一个月的工资……家里很快富裕起来，我家是先富起来的那批人，家里有成箱的柑橘、苹果、饼干。还有咖啡、双卡录音机、东芝电视、索尼音响……欣欣向荣的富裕气息。父母脸上荡漾着满足。那时我学习成绩很差，开始去市文化馆看小说，王安忆、阿城……我第一本读的是张承志的《黑骏马》，永生不忘。”

素莲泡新茶，放一杯热茶在我面前，“我那时知道臭美了，为一件补丁裤子与母亲争吵，那时我上初二，暗暗喜欢一个男生。他每天经过我家门口，我要注视他很久，内心却又充满自卑……裤子上有洞，母亲补上补丁，便不肯穿，怕那男生看见笑话，虚荣心那么猖狂……”

“我也是，有一条好看的牛仔裤，一直穿一直穿。穿了很久得洗了，用力甩，第二天仍然不干，于是穿着半湿的牛仔裤去上学，为了显得腿修长。那时我就一米七了，班上男生才一米六……”

两个人笑得前仰后合。

少年的光阴又脆弱又美，像光影里织的线，全是金线。

“那是怎样的男生？”

素莲笑：“那就是我的初恋。”她顿了一下，“我们在一起七年，还是分开了，以为会一辈子在一起的人，总是会不经意离散。”

在年少的时候，总是会喜欢一个人，无论这个人好与坏，无论与这个人相聚或离散。总会有这样的一个人——他印证了你的青春，你一回头，他霸占了你的青春，但却越来越模糊。随着年龄的增长，你发现你爱上的不是他，而是自己那永远不可再来的青春。他在与不在，只能证明你的青春里有过爱情，或者不是爱情，是你一个人对于青春的长相思。

空气有些停顿。素莲站起来，复又坐下。我也站起来，我们站在窗边看院子中的绿植。秋天的阳光恰恰好，茶的味道恰恰好，煮萝卜的味道恰恰好。

恰好我来，恰好她在。

每一个出色的女子，都曾在感情路上磕磕绊绊。在每次飞蛾扑火里烧成灰烬，转而春风吹又生。爱情让内心丰盈的女子更丰盈，而让无力承受的人迅速枯萎。毫无疑问，素莲与我，属于前者。

换了日语歌。

“日本歌曲很奇怪，就是有一种怪异的忧伤，有些词语翻译不出来，只有用日语听才刚刚好。我在日本六年，习惯了听日文歌……”

“你还相信爱情吗？”我突然问。

“当然相信，女人是爱情动物。你呢？”她反问我。

“相信，一直。”

我遇见过许多女子，不再相信爱情。对爱情恨之入骨，把自己和别人都打入了地狱。一个人丧失爱的能力是多可怕。有一个人爱着，这世界是暖的。

“爱情说到底是一个人的事情，喜欢去爱的那种感觉。”

两个人眼里有炽烈的光，对爱情有向往的女子如野草般盎然。

“其实到底还是想找一个人懂，比爱情还重要，那是灵魂里，精神高度与精神强度的相遇。”

午餐极简。关东煮做好了，整整一砂锅，米饭的香充斥整个房间。素莲挽上长发下厨去自家园子摘茄子，裹上韩国“不倒翁”炸粉，香气溢出来。又裹了面，炸了几条黄花鱼。盛进粗朴的长条盘里，器皿的美遮盖了食物的光芒。

她是迷恋仪式感的女子，那种迷恋昭然若揭，几乎可以一眼洞穿。

她拿起奥林巴斯相机，先照了相。

“总觉得有个仪式感会欣慰，如果器物不好看，会影响感官。如家里的猫回来，我觉得这是件欢喜的事情，我要给它一个隆重的仪式。还有，我喜欢黑色的猫，黑猫有说不出的味道和神秘感。

“我还喜欢节气，什么节气去干什么事情。八月落花正好，前几日与表妹提了热水瓶和茶具去池塘边拍照、看荷花、听蝉鸣。那是非常愉悦的事情，现在葡萄熟了，你走了我便去摘葡萄……有人说我做的事情没有意义。没有意义是非常重要的事情，我热爱没有意义。我房间的东西几乎都没有用，没有用有时是另一种美学。”

素莲站起来，拿起一个相框，里面有两片树叶。“你看，相框是从日本旧物市场淘来的。这两片树叶是在日本的秋天捡的，当时觉得美得不行，镶嵌在相框中。后来带回国，不敢打开，怕一打开就全碎了……”

这些琐碎的细节令人心动。

午餐没有酒。准备晚上喝些清酒。只两个菜，我口味重，又要了一碟生抽。午餐后素莲问要不要午休？屈指一算，明早即将离开，便微笑：“说爱情吧。有的爱情是爱情故事，有的是爱情事故，你的呢？”

她未答，只叙述。

她不知道，我极喜欢这种平淡的叙述，仿佛与己有关，又仿佛与己无关。因为隔了太多光阴，许多事、人都加了滤镜似的，变得美而好，其实也许没有那么美那么好。浓度和强度都降了下来，回忆成为一个人的事情，那些吉光片羽闪着光泽，注定只能凝固在回忆里，因为再回来，亦不是原来的样子，而且，永远不可能再回来。

“他不是特别帅，也没那么高。但是有那个劲儿你知道吧？‘劲儿’这个东西非常奇怪，其实就是气场。他的气场极强。”

她继续。“高中时，我来到大连，他留在旅顺。走的时候特别怅然，好像心里特别重要的东西落在了旅顺……”

想必法国作家杜拉斯离开越南亦是一样。二〇一三年，我去胡志明市和湄公河，杜拉斯和她的中国情人成为关键词。人的一生不可能不遭遇爱情，爱情像庄稼，不过有的收成不好，有的收成丰盈，得看天意与个人造化。

“高二时，我给他写了一封信。天啊，那是八十年代。一个女生给一个男生写了一封信！我犹豫了几天，还是写了一封信。”

“你写了什么？”

“我什么也没写，只写了他的地址和名字，然后寄去了一张白纸。那张白纸是我所有的心思，秘密全在那张白纸上。一字未着，但内心波澜起伏、激情澎湃。”

“他给你回信了吗？”

“没法回，因为没有地址，过几天我又写了一封。这次，我寄了自己的照片，一张黑白照片，还是同样的信封，并且告诉他我是谁，还写了自己在大连的学习状况。”

“这次回信了？”

“回了，而且信里有他的照片……那时好多年轻人都寄照片，也没有手机、微信。寄照片是特别庄重的仪式，我收到照片几乎傻了，这是第一次有男生给我照片，而且是我喜欢的男生。过几分钟我就会拿出来看一眼，心“怦怦”地跳，根本抑制不住的心跳……多少年后我还记得当时的心跳，太快了，像不能呼吸一样。

“后来开始等信，每天去传达室的玻璃窗前，一看有他的信就惊喜得不行，把信捏在手里就跑。信越写越厚，写不尽的琐事，但没一个字说爱。不敢说，可是满心里全是爱……我分了一些信封给他，这样的信封特别，从一堆信封中可以一眼认出来。

＊ ＊

那天的光线太软了，似精神的纤维照亮我和素莲。又太硬了，像更粗壮的精神纤维，支撑着我们强大的内心。我们的精神像孤独的风，一直独自飞翔，直到相遇，然后一起飞。我喜欢这种有高度的飞翔。多美妙的遇见。

“最美最好的光阴一定走得特别快，现在最难忘的就是那段写信的光阴，美极了……不自知的美，自己惊自己的天、动自己的地。”

就像侯孝贤的《恋恋风尘》，男孩和女孩从来没有说过一个爱字，关于天气、食物、忧伤、番薯……从来不说爱情，可是，全是爱情的气息。

“第一次见面呢？”

“是在寒假，提前写信约了，我从大连到了旅顺，戴了母亲给我钩的小白帽子，穿的红棉袄。我那时又瘦又高又白，他见了我也紧张，我们俩在寒冷的冬天走啊走，走啊走。积雪未化，麻雀飞过，两个人极少说话，低着头走，很像电影画面。我那时想要一辈子和这个人好，在一起。年轻时爱上一个人，都是冲着一辈子去的，但大多数人走着走着就离散了……”

我倒了一杯热茶，说道：“年轻的时候只顾着爱情，其实是爱着爱情，那个人是谁，并不重要……在年轻的时候，总要喜欢一个人。我那时喜欢一个男生，每天下了晚自习跟在人家后面。他骑车飞快，我也骑得飞快。

“后来有一天下雨，他仍然骑得快，我也仍然骑得快，但雨水太大了，路太滑了，我摔倒了。

“单车倒在雨水里，眼镜碎了，玻璃扎在脸上，瞬间满脸全是血，血和雨水混在一起，很腥。我没有哭，一个人跑到医院，发现眼角撕裂了，大夫轻率地为我缝了五六针。当时打了麻药，不觉得疼。后来慢慢结痂，拆线后留下疤……”

我摘下眼镜，给素莲看疤痕。她看了，只是微笑。再刻骨铭心的感情也会被光阴洗染，一点点变白。如果不是与素莲说往事，几乎忘记了这个疤。

后来，素莲的感情坚持了七年。F 考到大连来，素莲怕他们学校开舞会，因为不知道他会和谁跳舞……她站在他楼下，让门口大爷喊他出来……他们纠缠、生气、相爱、嫉妒、吃醋、小心眼、控制……

像所有热恋中的情侣一样。一次次争吵、分手。以为此生不会分开，终至分开。七年后，他们平静分手。吵闹时不会分手，心死、心凉才会放手，世上所有情侣的聚散离合大抵如此。

“那个时刻，我觉得人生好绝望，后来他和一个十八九岁的女孩子好了。他居然和十八九岁的女孩子好了！我咽不下这口气，打电话到女孩儿家，叫家长管孩子……我快疯了，对他嚷：‘咱俩不好了，我就得死！’我真自杀了，割腕了……但爱情过去了就是过去了，我感觉得到，他不属于我了……”

“然后呢？”我很想递给素莲一支烟。平静的诉说背后，是青春的残酷与爱情的纠缠，刻骨铭心，终生不忘。

“然后我遇见了伍哥。”

伍哥是素莲的爱人，大学教授。那时，伍哥在日本，与国内有联络。遇见素莲，觉得自己的妻子应该是这个样子。

他们在大连友好广场的“威廉士堡”吃饭，伍哥忽然说：“你嫁给我吧！”

素莲一惊，他们才认得多久啊。

她拒绝：“不行，伍哥，我的心已经千疮百孔了，我的缺陷太多，嫁给你太不公平。”她坦率地告诉了伍哥曾经的七年之恋。

“没有，我还有一颗完整的心，我能给你补好，你就是我的妻子，我就要你！”是伍哥坚定的态度感动了素莲。她突然特别想结婚，她那时并不爱伍哥，只想结婚。

她跑去告诉 F：“我要结婚了。”她怀着报复的恶意，但对方并不动容。

很快，素莲结婚了。“没办婚宴，没穿婚纱，只花了一千两百块钱。我特别怕结婚那隆重的仪式和没完没了的筵席。我怕婚礼，那天只穿了牛仔裤。如果两个人是相爱的，对着天空、大地、一棵树、一朵花许愿都好。”

她起身泡白茶，这种叫“寿眉”的茶平和、低调，像此时的天空和我们。

她说到伍哥的时候带着平静的喜悦和满足，自己并不自知。

“没有伍哥不会有你这个家，这个家有伍哥许多的宽容和爱意，有他对你的纵容，因为这个家全是你的味道……”我微笑着说。

从第一次来到这次，发现素莲家是素莲的，几乎全是她的气场，一个男人只有宠爱一个女人、纵容一个女人才会有这样的家。家成了素莲的道场。

“他那么爱我，近乎宠溺，我是过了几年才发现没有一个男人比伍哥更适合我了，年轻时忙着爱情，不知道什么是爱情。爱情是柴米油盐、细水长流，他无条件地包容了我，我和他在一起，好像每一天都是新的，两个人就是脚踏实地过日子。我是浪漫的双鱼座，需要嫁给这样稳妥、笃定的男人，伍哥不会用 QQ、微信，致力于生物研究，有时单纯得像个孩子……他把我的心缝好了……”

后来他们去了日本，素莲在日本待了六年。她现在的家居放置、着装、饮食，都受日本文化的影响。“和伍哥在日本过得特别简单。孩子送幼儿园，两个人都去工作，人际关系简单到了极致。周末和中国朋友喝啤酒、去 A 家 B 家 C 家来回喝，中国人很难融入日本主流社会……我的酒量是那时候练出来的。我那时候真正理解了强大，所谓强大，就是跌倒后爬起来的速度。有些人需要几年，有些人需要几个月，有些人只需要几天……

“那时我三十岁，基本知道自己要什么了。我在日本打零工，印刷厂干过，也洗过碗……日本洗碗不让戴手套，盛来的饭特别黏……我至今还记得那黏！一边洗碗一边听歌，就是从那时候喜欢听日本歌的，现在也愿意一边洗碗，一边听歌，有时候听一首歌会想起一段光阴来。”

“我那时喜欢齐秦、崔健、摇滚乐……后来喜欢戏曲。我还爱和一些老人待着。听他们讲故事，觉得人生值得回味的特别多，一段光阴有一段光阴的好……哪怕这段光阴特别不堪，想起来仍然有不舍的那部分。我最好的时光是现在，每一秒都是自己在认认真真地过，而且开始放弃一些东西，开始删繁就简去伪存真，那些不必要的东西、食物、人开始从精神硬盘中清除。”我说。

音乐一直回响着。她的手机没电了，去充电。下午的光线更有明烈的金属感，长风浩荡。我要了一杯咖啡，看外面有一只大黑猫闲适地走过。窗口吹进了秋光，树叶的背面有银色。素莲的院落有素色光芒，这种光芒却并不扎眼，只想在这里一箪食、一壶浆、一杯清茶过无数个下午。

我决定去看她的店，顺便散个步。

在车内放了日本音乐，有绝望的涣散感。我告诉她自己不会开车。

“你不用学，你的长相气质也不适合开车。你有永远的少年气，像没有年龄的古人……”我在反光镜中看到自己比男生还短的发，藏青色的麻质长裙，草编鞋。素莲那件墨绿色小衫十分有张力，外面披了黑色钩织罩衫。没见过比她穿黑色更好看的女子。

她的店在山下。进门前显然知道会被惊住，还是惊住了。铺天盖地的器皿，每一件都有灵异的美。几乎全是来自艺术家的“私人定制”，那些朴素拙朴竟然有说不出的大美。因为拥挤、逼仄，因为繁芜、灵异，居然硬生生逼出了无法忍受的美感。

黄昏的光打在每件器物上，有种来不及抓住的美，几近贪婪。几近无法忍受。或者说，寸步难行。

“许多是景德镇艺术家专为我这个店做的，还有一些青年设计师的作品，器物是有灵性的，时光赋予它们禀赋，它们也挑人，流俗的人不会喜欢我的器物，认为没有地方安放它们。但喜欢的会特别喜欢，因为它们艺术、自然。那些会把一坛咸菜腌制成美味的女子会格外中意它们。我的客户注定小众，这没有关系。

“我是靠精神活着的人，靠坛坛罐罐、花花草草活着，靠日常这些琐碎、动人的温暖活着。生活很美，我不能丢了它。我不能没有生活，生活高于一切，艺术只是生活的一小部分，等待一个黄昏的落日比挣几万块钱更重要。”

庄子说，“独与天地精神往来”。可与天、与地、与花草往来，多么喜悦。素莲不知道，每一个欢喜的黄昏，我有时会在木棉树下躺上一天，有时沏一杯普洱茶，慢慢消耗掉光阴，那是属于精神内核的独处。

我与素莲刻意保持了与这个世界的距离。我已经五年未看电视，亦不用电脑，有好多时间是慢慢浪费掉。

素莲从日本回来后做过贸易，在外企亦做过管理，挣过很多美元，但她觉得那不是她要的生活。她要开一个自己的店，要住到山里去独居。种花种草，去山里拾“破烂”，和坛坛罐罐说话，养猫、狗，研究美食。她很快辞职，并逐步实施理想。

“我最喜欢自己三十五六岁时的光阴，觉得自己焕发了从来没有的光彩，那份心境特别自得。但我愿意保持生活中的缺憾感，这种缺憾感鼓励我的气场不能掉下来，要向前走，向前走，那就是美丽人间……”

夜来了，重回素莲的家，她在灯光下准备晚宴。

新鲜的虾、小菜、清酒、音乐。清酒是自酿的，我们边喝边谈。艺术、生活、爱情，种种。知无不言，言无不尽。

与素莲转到客厅的沙发上，拧暗了灯。一人一个沙发，有很多抱枕。听众换成了脚边的小狗“不丢”。

在友情里，我们都有过停顿，甚至是伤害。在心里面，都有不能提及的伤痕，至今隐隐作痛。我们唯一落泪的时刻是提及曾经的友情一夜离散，二十年的友谊化为灰烬。

缘分尽了，感情再深也是陌路。我们像野草、野花一样活着，不是人们想象中的小资、文艺、优雅，我们都能吃苦，担得起风雨，也享得了彩虹，这是一个人的精神强度与内核。它是岁月所赠，并无多少意味。

夜已深，能闻到露水落到花上的清香，还有蟋蟀的叫声，狗儿窝在脚下睡着了。往事不断被提及，偶尔有伤疤展示，很快云淡风轻。都是深一脚、浅一脚往前走的人，那些波澜壮阔与逼仄疼痛都同时属于我们。

耽美于每个黄昏、清晨、器物的女子，活得像一株清丽的植物，内心里充满热爱，甚至，热爱生活中每一个刹那。

以后的光阴，我与素莲会持续这种橙黄橘绿的生活，在日常生活的内核中，找到平凡朴素的大美。我们相约一年能见上一次也好，见到八十岁。

这是我与素莲的约定。

* *

老了我也会保持对生活的热情和温度，老了更需要，因为热情和温度在一点点减少，所以要保持住，就像下雪必须要去买一整套新器皿吃火锅，这是我对生活的一种热度。

* *

时光把一些东西放大，又把一些东西缩小。放大的是光阴中的悲欣交集，缩小的是少年时见过的那些具体的人或者物。

人的爱好，在生死关头总会拯救他。漫长的时光是无法打发的，这些爱好可以与时间为敌。

小镇姑娘

*

*

算来，认识书林已有三年。

她这样写自己：张书林，老绣收藏家、服装设计师、品牌创建人。衣不惊人死不休，喜欢十九世纪欧洲复古风格，喜欢钱和男人，两样都没留住，左手进、右手出。

我所有的女友中，我最喜欢张书林。这样说并不过分，她似一条妖蛇，自有一种蛊惑，让你动弹不得，但她并不自知。仿佛前世青蛇转世一般，那样一眼就认出了……而在别的女子身上，未发现这种魅惑至极的气场。

她对美的感知是那么隆重，甚至不放过每一面镜子。即使是一小块玻璃，或是车子的反光镜，她亦要扑过去照一番。她对镜自怜、搔首弄姿理云鬓的时候，你会觉得，真是一个尤物啊！雪白柔嫩的胸脯，恰到好处的身材比例，海藻一样的长发，猫一样性感迷离的眼神，柔软得像水草一样的腰肢，衣服是自己设计的——几乎全是老绣片。

她不穿这个时代的衣服，一出场惊死整条街的人，明代的战袍、清朝的长袍，帽子是清代虎头帽，她闪着婴孩般的眼神问你："小禅，你看我适合什么样的男人？"书林已经三十多岁了，依旧单身。

我心里暗想：妖精，什么样的男人都会被你吓跑，什么样的男人都不适合你，你不是人间的啊……简直是颠倒众生的美，我见过的一些明星是塑料花一样的美，但书林是罂粟花，美得邪恶又美得天真，美得忽而盛开，又美得遍地狼烟。我喜欢这样毫不犹豫地夸她，毫不吝啬，有种提刀便来的快感。

当她出现时，一切女人黯淡下去，而看到她的人，唯有销魂，不能动弹。

说来认识是因缘。二〇一二年九月，去云南师范大学讲座。之后去了大理、双廊、丽江。在大理发了半个月呆，去双廊看了杨丽萍的太阳宫，赶了挖色大集，到丽江后闲逛发呆。

有一天逛到书林的店——楼上的拉姆。忽然想起常去的北京南锣鼓巷，亦有这样的店名。后来才知道是同一家店，全是书林的店。进得店来，便觉得与别家不一样，是味道与气场不一样，每一款衣服都独一无二。

书林后来告诉我："从当裁缝那一天，我就决定每件衣服只做一件，绝不重复。"那衣服张扬着动人的个性，老绣片在上面散发着古旧而性感的光芒。墙上是书林画的画，一个穿着绿袍子的长卷发女人提着灯笼在野地里转。

那时我不知她叫张书林，于是问了店员，老板在哪里。店员说：“她去大理了。”我和店员要了电话，给她打电话。她声音柔软明亮，回答充满了来世的味道：“我在收老绣片呢，累了，在坟地里转转。”

我当下极喜欢这个女子——去坟地里转转，这得有多大的精神强度。觉得和这个女子必有缘分，心里荡漾着一种春天的气息。当时并未见到她，还不知她美得不可方物，颠倒众生。

终于见到是二〇一二年十月十二日，我在北京大学做讲座。那天，人声鼎沸，礼堂挤得水泄不通，但我在人群中一眼就认出了她。她安静又热烈地看着我，穿着清朝的衣服，像一个穿越到这个时代的人。讲座结束后，人太多，未来得及说上两句话，但她的美艳妖娆震慑了我。

她塞给我一件衣裳。“我设计的。”那是一件明黄真丝的衫子，上有老绣片，标价近乎五千。她飘然远去，像一个妖女，又像小倩，我立在原地，只剩发呆。

后来去她在黑桥的工作室，见到她养的猫和她的小妹妹。书林有四个妹妹，而且还有一个弟弟。

大妹妹张薇，弦乐类琴师，尤喜古琴、古筝，禅宗爱好者。据书林说是思想狂人，性情狷狂乖僻，跟其他姐妹不抱团，独树一帜、自成一派，有一次去山西和煤老板谈生意，非要抱着古琴去……

二妹妹娟娃（我极迷恋她），空灵柔软得像一只猫。天生的艺术家，曾留法。手工玩偶品牌创建人，亲近佛教，动物保护者。天生的艺术家气质让她在陶瓷画烧制、服装设计、装置艺术、室内设计方面均有独特审美，我每次见到娟娃都眼前一亮，那种低调的奢华感和仙女儿般的干净令人起了敬意。

三妹妹群娃，供职于北京外研社，英文很棒，博览群书。两天一本书，从不懈怠。天真、热忱，性情淳朴，天生幽默。书林说，笑点太低。

小妹妹张剪剪，考古博士，主攻史前考古田野发掘，将来发达了准备盘一所养猫院，收留天底下所有流浪猫——广庇天下寒猫俱欢颜。

书林说：“我把她们凑齐了，给她们开会时，你一定得来！小禅，我的姐妹们才真的是传奇……”

这些传奇女子的确是亲姐妹，虽然名字那么千差万别、离题千里。

而且，她们终生引以为傲的是，她们来自湖北孝感一个叫王镇的小镇。并非宋氏三姐妹那样倾国，也并非合肥张家四姐妹那样倾城。

除了张书林和张剪剪未婚，三个姐妹都嫁给了自己的初恋。即使娟娃留了法，最后也是嫁给了自己的初恋——她的高中同学。而书林的初恋至今未婚，仍在守她。

书林说过一句重要的话：“小禅，这些姐妹全是我的命，如果她们有危险，需要我的肝、肾，随时拿去。如果她们需要我的命，毫不犹豫。”这是妖娆背后的书林，是有魏晋风度的女子，有汉家风范、宋时古意。

还是从王镇说起吧。

二〇一四年八月二十九日、三十日、三十一日，与书林长谈三日三夜，偶尔有老黄在场，三个人，气场凛凛，随便一句，便有金属光泽——我只有可惜没带录音笔，只能凭记忆碎片记录。

王镇，湖北孝感下面的一个小镇，充满了最本真的原气，而民间的味道和原气是一个人的精神故乡。

书林的父亲是镇上的小职员，母亲是楚剧演员、花旦，台里的顶梁柱。

结婚后再也没唱过戏。书林说：“大概因为她生得美，所以脾气暴躁，而且只负责生孩子……”老黄说：“湖北是楚国，屈原的《离骚》中有山鬼，楚辞中的南方通灵，还有傅抱石的《丽人行》，对应这五姐妹简直天衣无缝。”

“七八岁的时候，我就下决心离开小镇了……我没有童年，十一岁父亲破产，开饮料厂欠下巨额的债，每天是债主上门，父母每天嚷嚷着要离婚，十二个月里有十一个月闹离婚。但我的心态从小就松弛，什么事不挂在心上，弟弟妹妹接连出生，天天和计生办斗争。父亲做了结扎，但母亲却又怀孕了，管计划生育的也没了办法，最后，兄弟姐妹就有六个了……”

父亲欠的钱，书林到了丽江才还清，当时，她已经是一名服装设计师，但她从来称自己是裁缝。“裁缝”这个词更为朴素动人。我每次管她叫裁缝时，都管自己叫“写字的”，但我们对自己的职业自有一种宗教般的皈依感。

“我从小学起画画就好，想着成为一个画家，但小镇上没有画家，城里才有绘画特长班。表姐在城里汽水厂打工，我投奔了她。报名费是四十块钱，那时我十二岁，家里人不肯出，也因为的确没有钱。我去找堂哥、堂姐要钱，也不知哪里来的胆子。我和他们说我要去当画家了，所有人全耻笑我。

“他们每人给了我五块钱，我凑了五十块钱……那是梦想的开始，后来去云梦县读了三年高中，考上孝感建筑工程学校美术班，数学、几何、英语几乎是零分，三年中两年倒数第一、一年倒数第二……那时我最远到过武昌，武昌离我家五十公里。

“我穷怕了，于是毕业后辞了正式工作开始挣钱。从倒服装开始，后来对老绣片一见钟情，决定去丽江。到丽江时身无分文，一个人都不认识，每天吃方便面，也过来了。”

* *

我心中最美的老绣片得有天真的痕迹，没有技法，因为我见惯了所有的技法……一个人有朴素的天真心才能绣出纯真。

书林和绣片是知己，是情人。我问过她有多少片老绣片，她打了个比喻：“这么说吧，好比我有几麻袋大米，你现在问我到底有多少粒米。”在她的工作室，我看到成山成堆的老绣片，每一片老绣片都有故事，是她在云贵地区一片片收来的——先是飞机，之后换乘大巴，再乘拖拉机、人力三轮车、摩托车、自行车，再徒步翻山越岭……每一片都来之不易。我的工作室铺了几张书林送的老绣片，整个屋子有了古气，又有了神秘和说不出的性感。

“我心中最美的老绣片得有天真的痕迹，没有技法，因为我见惯了所有的技法……一个人有朴素的天真心才能绣出纯真。”这段充满禅机的话是书林说出来的，我一字不差记了下来。那时，她的神情似古书中的人。

有一天，我看到书林的一片老绣片：树下有狗，狗前有碗，还有猫、小鸟。那猫的眼神真好啊，仿佛吃慢了就有人抢它的食物了，简直是老树画画作品的再版。

还有一片上面写着“民国二十九年”，那上面有手绣的情书：那一日我问你喜欢不喜欢我？我的心在你身上，你的心不在我身上。千古以来，爱情永远是难以破解的密码……

书林痴迷这些老绣片简直成了妖、成了精。“每年做衣服要消耗掉一吨老绣片，我下剪子时心在滴血……”

王菲穿她的衣服，她从来不对外宣传。我也穿她的衣服，她一次次慷慨相送，每件价值万元，我受之有愧。想在大学讲座时提上一嘴，服装赞助“楼上的拉姆”，她一次次拒绝，“千万别提，我就是喜欢你，于一个裁缝而言，这是举手之劳”。我穿上她的衣裳，艳惊四座，往往被人追问哪里买的。她又送我一只真正的银碗。“银碗里盛雪”和“禅园听雪”成了我的标签，她说：

“下雪时盛雪，不下雪盛菜。”

书林刚到丽江时，弟弟妹妹都在读书，没有钱。有一次娟娃交不上学费被老师赶出来，一个人跑到卫生间把水龙头开到最大哭……书林挣钱的动力在于快些给她们寄钱去。每周去邮局，每周去打钱。并非穿着狼狈去打钱，即使没钱也装作有钱，花枝招展地出现，一身奇装异服，她说：“我把美凌驾于生活之上。”

“我是倒着生长的，现在倒像小孩了，小的时候天天考虑生死……”

我们都是时间的孩子。我说：“时光给我们无数种可能。而且，我欣赏那种在自己领域有独特建树的人，不忽视任何美妙的瞬间和直击人心的光阴。”

“为什么只做一件？为什么不重复？”“因为我是设计师，只做作品……”

中午。我、书林、黄老师去“状元粥屋”吃饭，红豆银耳莲子粥、糖饼、草帽饼、鱼头泡饼、野菜、炒鸡杂、炒藕丁。她依然化了妖娆的妆才出门，照了十次以上的镜子。书林有很多瓶香水，一百多支口红，不同心情和衣服涂不一样的颜色。如果别的女人这样，我会觉得活得矫情，但书林这样，无比正常……因为她美得妖冶，却那么让人欢喜。

老黄说：“书林才像一个女人……”之后他没敢再表扬。但看得出来，我的女友中，他最得意张书林。

晚饭吃的是山西揪片，之后去广场看老太太、大妈们跳广场舞。她兴奋起来，跟着一起跳，完全像个少女。

更深的夜，去古霸台散步。她把头发披散到前面，然后装鬼，月光下穿了白袍子，说着家乡话。我肯定书林来自另一个星球。

“二〇〇六年还完账，我觉得可以死了，可是一想到还有那么多漂亮衣裳、口红……还得活着。”

她极少谈感情，逸笔草草，每个人心里都有不堪，不说也好。

姐妹五个常常回王镇。“每年回去都觉得从前的熟人又少了，他们渐渐远离和死去。”她们拍从前的学校、旧舍……那是她们姐妹的精神故乡。

书林天性的幽默来自家族 DNA。几个姐妹上学全是她供出来的，她们偶尔打电话给她，她说：“不要钱你打什么电话，忙着呢……”她指着其中一个妹妹的龅牙：“我出钱，你必须去治龅牙。”她们姐妹有一个微信群，每天打打闹闹，热闹得很。过年时姐妹五个拍了一张照片，眼神干净清冽，个个表里俱清澈。

二〇一四年十一月，我在中央美术学院做讲座，书林出现。她站到台上时，我顿显黯淡——在这样的女人面前，我心甘情愿。她穿了一身明朝战袍，戴了虎头帽，又有几分羞涩地站在那里，没有年龄没有性别。如果真有女神，这个女神只能叫张书林。

春节前，书林又来找我和老黄。老黄依然在乡村中学当老师，经济适用房刚申请下来。我和书林跑去给老黄的房子装修出主意。书林带了极珍贵的海参给老黄，还说了一句话：“老黄，你搬家时，我包个大红包。”

连着三天，又是通宵达旦地聊天。天文、地理、古今、世事、艺术……隔岸观火却又洞若神明。书林穿了一件素花的家常睡衣，我拍了给朋友看。书林说，她的衣裳里只有这一件正常。我说了声喜欢这件衣裳，她回了北京便跑去三里屯给我买……

从没有一个女子，身上有这种又复杂又单纯、又立体又性感的气场。

她在法国的照片更是风情万种。二〇一四年底，她在深圳开了工作室，二〇一五年，她准备把工作室开到巴黎去。之前参加的所有国际展览她并不在意，也从来不当作谈资，更多的时候，她着急自己养的猫没有进食。“都蔫了一天了，肯定是病了……”然后给助手郭辛打电话：“快去抱着猫看病。”

她的猫有极动人的名字：别墅、奔驰、诺贝尔文学奖……那是只有张书林才能想得出的名字。

“孤独的时候，我就去坟地里转转……”到目前为止，这是我听过的精神强度最高的一句话，这句话出自一个风情万千又柔韧百转的女人口里，她是时光的裁缝，缝制了光阴中的边边角角，把不堪和挫折都做成了花，然后果断别在衣襟上。她的脚下，永远卧着一只猫。她的包里，永远有一面小镜子……

“张裁缝，让我们好到老吧。”她活了别人的三辈子，真够本啊。

二〇一五年早春，收到她从丽江寄过来的饰品：清代的蓝绿色老琉璃串成的项链，闪着幽幽的艳光，妖极了。还有一串是苗族的老匠人手工打造的苗银长项链，上面有两朵莲花，美得不像话，粗糙中带着细腻的潦草。我配了大红的袍子，穿着站在春光里，站在盛开的玉兰花下，自己觉得妖妖的，而这妖气是沾了书林的光啊。

同样的春天，张裁缝站在花树下，抱着她的猫，不知会冒出什么样的哲学和思想。她活在自己水草丰满、性感妖娆却又朴素动人的绣片里，活在光阴之外，又活在光阴之里。

但有一点可以肯定，她如果想嫁出去，应该不是一件太容易的事情，那个男人得有半夜里去坟地里转转的勇气……如果有那一天，我会送书林一只猫，这只猫叫张爱情。

*
*

她是时光的裁缝，缝制了光阴中的边边角角，把不堪和挫折都做成了花，然后果断别在衣襟上。她的脚下，永远卧着一只猫。她的包里，永远有一面小镜子……

睡在风里

*

*

与 A 相识，纯属偶然。

二〇一四年暮春，我应邀去南通中观书院做讲座，那南通已令我惊奇，觉得识它晚矣。天地鸿蒙间，才惊觉错失一块璞玉。我在南通游寺庙、老巷，长江边看花，与旧友品茗观画，老袁拿出上世纪七十年代的普洱，外面的芦苇里有雎鸠在唱歌，一轮明月照在长江上。三五知己浅吟低唱间，A 走进来了。

人未到，先闻其声。只觉环佩叮当之声，再抬头，一个海藻长发的女子挎了一个红竹篮已站在面前。那竹篮里盛着一篮子生动的杨梅，鲜艳欲滴的红，足以匹配春天的这个花月夜。

后来与A熟悉、深交，总也难忘初见那个刹那——那一篮子杨梅再也抹不去，红烈烈地在光阴里艳着。

那日A穿麻的长裙与外罩，手上有五六只镯子，颈间佩戴着琥珀。镯子有小叶紫檀、绿松石、银琥珀……走起路来环佩叮当，她自有一种让人无法动弹的颓靡气场。

“我开服装店，卖衣裳。”A介绍自己。她开了一辆MINI红色跑车，带我到长江边兜风。夹竹桃开疯了，开野了心。车内放着英文歌，她接电话操着一口流利的英语，我甚是讶异——我拙于英语口语，且算认真学习之人，每到国外仍结结巴巴，不禁羡慕她口语之流利、婉转。

“一年多前我给自己请了外教，一个英国人教我。当我有了钱，我试图改变的是自己的生活方式……”

我浏览了A的微信，几乎每个月，她都要去国外旅行。和那些真正有钱的女人比起来，A算不上有钱，但她活成了一种生活方式。

是夜，A在“梅林春晓”酒楼请我吃饭。拾阶而上，有灯明明灭灭在台痕上，长江的风吹过发际，屋子几乎是透明的。外面是涓涓长江水，月亮照在江上。春江花月夜里，与A喝了薄酒，吃了鲥鱼、海虾、河豚、丝瓜饼、烧泥鳅……

A依然一身布衣，首饰略显夸张，但夸张得那么得体——她不喜名牌、奢侈品，只选自己欢喜的。衣裳是自家卖的，以棉麻为主。我只夸好看，她听了留心，第二天便抱了一箱子衣服送给我，全是棉麻，黑、白、灰居多，素面、朴真、自在，我自是欢喜，但觉受之有愧，觉得收几十件衣裳甚是腐败。

A笑言：“你必须习惯，我送衣服一般以箱子为单位，所有闺密全一样待遇……”我只剩惊讶，觉得南通真是南北通灵之地，既有南方人的细腻雅致，又有北方人的义气豪迈。

去她店里。原以为是平常小店——我买衣裳素来爱淘一些路边野店，不喜那些张嘴几万、几十万的大牌子，貂皮、裘皮之类更不要提。但 A 的店大到让我吃惊，几百平方米不止，而且还有书屋、软榻。书屋内有实木茶几、英国沙发、上万册书，有牛奶、咖啡。买衣服的人可以来喝茶、看书。那书架上以外国作家的书居多——A 的阅读趣味与审美趣味让人心生敬意。

“每天要卖两千件衣服，试衣服和交款都要排队……” A 说。后来证明不仅仅是要排队的问题——她把自己的店铺做成了唯一。

而 A 的实体店不过做了一年。从未见卖衣服这么火的店铺，再回头看她那整面墙的书，亦不觉讶异了，一个人的审美高度与精神面貌决定了她的成败。

我回北方，仍然写字、旅行。她去了法国、挪威、丹麦、日本，几乎每天都在路上，有时一条麻花辫戴小礼帽，有时海藻般的长发披下来，腿上一条破牛仔裤，几乎全是洞。脚下一双球鞋，千山万水地走着。

暑假的时候，A 自驾车来找我，她要去草原、沙漠。

我带 A 去了故乡小城，看博物馆、吃当地美食，秉烛夜谈，原来，骨子里都有一颗不羁的心。

A 做了十八年教师。中学毕业考上小师范，毕业后教小学。之后进修大专、本科，教中学。之后进修研究生，教高中。在成为服装店老板之前，A 一直在教语文，并且是那个行业的翘楚。

“后来觉得日子到头了，我能想象到几十年后自己的生活，看见自己老了的样子，决定辞职。就这么坚决，没有犹豫。想活出另一个样子来。如此而已。”

“做了三年淘宝，每件衣裳我都赋予它生命，用我自己的语言文字描述它的美、它的好。那时每天睡两小时，累趴在电脑前；用自行车、电动车去驮货，后来逼着自己去开车。改变生活方式是我的梦想，淘到第一桶金开始了旅行，学英语、骑马、潜水、开游艇、滑翔……我愿意尝试这世上一切新鲜事物，说出去过的城市中有味道的酒店、食物；开着车在路上，看到季节变换，花在开，叶在绿，鸟儿在欢叫……”

A 去了草原。在草原上骑马、滑翔。吃手抓羊肉，住蒙古包。之后是沙漠，她坐在沙漠里看落日。长河落日圆，大漠孤烟直，不知 A 是否觉得那时的孤独是凛冽的？一个人，活着容易，活成一种生活方式很难。彼时，我在煮粥、逛菜市场，买刚摘下来的秋葵，写字、侍弄花草，准备远行。

同类，再远也闻得到气息。

A 送了我一条满是破洞的牛仔裤，同她的一模一样。我满心欢喜地穿上，披了麻的上衣，黑、白、灰三色，四处游荡。手上戴了长长的银戒指，或者藏银的首饰，包是帆布包。我跟 A 说，到八十岁我们也要有这样的情怀：穿布衣麻衫，背起包就上路，交三五知心人，读欢喜的书。

秋天，A 邀我去她的书屋，小型读者见面会。

这是我们第三次见面，却仿佛见过很多次。她依旧保持着我行我素的特质，麻衣布裙，长发飘飘，环佩叮当，特立独行的气场不言自明。

我们在南通的锦春吃早茶，秋天明媚的阳光似金属，打在那散发着蟹黄香的小笼包上，茶是龙井，清妙极了。每日晚上秉烛聊天，沏了七十年代的普洱，又加了牛蒡，香满了怀。她忆及儿时、少时，并不觉得快乐，只说现在是最好的光阴——果断、自由，精神与物质都自由。

次日我们去上海，在思南公馆喝下午茶，两个人有一搭无一搭地说话，好光阴被浪费掉。因为好光阴就是用来浪费的。我们两个人在石库门的小巷中彳亍、漫步，闻桂花香，看闲云落。

晚餐在黄浦江边。外面是江水滔滔，霓虹闪烁得扑朔迷离，两岸烟火绽放得鬼魅迷离。杯中酒饮了尽了，再饮、再尽，懂得无须再说更多言语。A活成自己风景，活成了一棵野生的树，在旷野中，兀自招摇。她说这里的生鱼片极好，放些辣根更好吃，又说日本京都可以住上一段，每天骑单车闲逛是最好的。

夜住洲际酒店旗下的英迪格。完全是艺术酒店，旧钢板、破帆船、旧单车、鸟巢、曲线美的大堂，完全是A的气息。物质丰腴后，A对酒店保持自己的要求，她喜欢有特色、有个性的酒店。从十六层看下去，整个外滩尽收眼底。

窗外的霓虹灯闪烁得迷离，我们并肩站在窗前。A说她的梦想、情怀、感情，她有不动声色的镇定，钢筋水泥般的意志——我疑心她前世是欧美人，爱着国外小说、散文、电影，甚至饮食，甚至思维。

A的冷静超乎常人，“我从来没有暗恋过谁，在青春里一直学习、学习，那时我用省下的钱去学画画，每天只吃一块面包，胃都坏掉了。我从小就知道自己要什么，不要什么……”A在与我聊天过程中，不断处理着工作。

刚开始做衣服的时候，举步维艰。去拿货的时候，一脸横肉的中年妇女鄙夷地对她说：“你不要像狗一样跟着我……”A依然跟着，不屈不挠，因为她必须拿到这家的货，这家货好卖，又便宜又好。

也收到过发货商成包的次品，全是S号，全是次品，A坐在那一包包衣服上放声号啕……又能如何？还要走下去。车祸出了三四次，每次都侥幸从车里爬出来，胳膊断了腿肿了，不哭。眼泪没有用，路还要往前走。钢铁一般的意志在关键时候总能搭救她。

“我对金钱没概念，出了几次车祸之后，觉得生命无常，仿佛随时可以终止。所以朋友有需求，会舍得花钱。所以四处游荡，不肯停下来，像一只鸟儿。”这一年，她卖了几万件衣裳、精读了数百本书、拍了几千张艺术照、去了几十个国家、写了数万字、学好了英语、滑翔、潜水、骑马……她在周年纪念中写道：不去无聊、不去迷茫、不去放纵、独立思考、清醒果断、不拖延、无借口。这是铮铮飒响的 A。

A 的思想密度有些硬，精神强度、系数都高，与之匹敌的聊天对手甚少。但遇到知己便会说三天三夜，无尽休。

A 愿意与艺术家相交相知，她欣赏在个人领域中出色的人。我们一起去拜访沈绣传人张蕾，欣赏她安静的力量与宽厚的情怀，在她的工作室发呆、品茶，看她短发布衣，如民国女子一样静默地笑着。

我们又去苏州，拜访雕塑家孙老师与他的爱人冷姑娘，一对璧人，把生活过成了艺术。A、冷姑娘、我窝在沙发里喝鸭屎香的凤凰单枞，孙先生沏茶。之后又泡了老白茶、二十五年的铁观音……几个人聊的全是艺术，我放了苏州评弹应景。A 倒在沙发上，她对艺术的敏感吹弹可破——她已经把自己的生活过成艺术。

是夜，我们在苏州“蜜柑”吃日本料理。冷姑娘似林黛玉，斜斜卧着。A 坐在那里，仿佛与天地接引，铿锵作响。她盘膝而坐，喝清酒，眉宇之间是不动声色。那神情凛然，十分飒爽。女子一旦有了英气，便会显现出格外与众不同的格局，那格局便是胸怀、情义、气场。

这人生，也便是肃阔壮美、深丽洒然。

又过了几日，A 收拾行囊去了尼泊尔。十月，我们准备一起去希腊或者西班牙。

“再沉也要带上单反，拍些美美的照片回来，不要看镜头，要文艺范儿……”A 对我说。

我应了她一起去旅行的邀约。在路上很重要，“无论睡在哪里，我们都睡在风里”。无论灵魂在何处游荡，我们始终在“异域”飞翔。我把这句话送给自己，当然也送给一直在路上的 A。

好光阴可以慢慢地浪费掉，有什么好急呢，生活本身是最大的修行，有了定数和天意，一个人，自渡彼岸。

* *

在薄情的世界里深情地活着

*

*

有些人，可以抵命相交——致 M。

有时候，我觉得认识 M 好几辈子了。有时候又觉得昨天才认识。有时候觉得，把和 M 的故事带到下一世吧。写出来就薄了，也还原不了那时的光阴和情景，但年龄越长越怕忘却。人的一辈子，命里可能就那么一两个抵命相知相交的人，无论离得多远，无论多少年不见，仍然在心里的最私密处，永不与别人分享。她是唯一，至死不渝的唯一，再也不可能有第二个的唯一。

写这篇文章时，M 发来了她喂奶的照片，她刚生了第二个儿子，正坐月子——她一个人坐月子。她说：有享不了的福，没有受不了的罪。

早些前我曾断言：这个人不适合结婚，适合一生奔波流离爱无数次。而今，我却觉得：没有人比 M 更适合婚姻，她准备生第三个孩子，她是回族，丈夫是藏族，生第三个孩子只罚三千。我跟她说了，这三千我出。必须让她儿女成群。

我与 M 的相识十分偶然：她来廊坊采访，我陪她吃饭。她胖胖的，且黑，短发，两只大眼睛十分灵动，嗓门极亮，说起话来妙语连珠，笑起来很夸张，浑身都要颤抖。

那时我还在写青春小说，也是一派天然，白裙白衣长发。

彼此一见如故。

同样烈净的心，同样狂野的青春，同类间的气息洞若神明。我们秉烛夜游，我们彻夜长谈。

关于文学、青春、游走、疯狂、诗歌、食物。

关于爱与忧愁。仿佛永远用不完的青春，仿佛永远挥霍不尽的深情——多年之后我们发现，没有什么能永垂不朽，唯有真实的生活赤裸裸地堆在面前，无比真实又无比温暖、疼痛。

有一句诗叫“与君初相识，犹如故人归”，我觉得用滥了用俗了，但用在我与 M 身上，恰如其分。

有一次她提及一个疯了的女人，说是为一个男人疯的，为爱情疯的。我们看着彼此，忽然双双流泪。

那时她在南方报业当记者，每天在全国各地飞来飞去，她曾经坐在拖拉机上采访拆迁，坐着三轮车穿过那将化的冰面，采访一个渔村。岸上所有记者全不敢去，只有她，拼了命坐上那可能沉的三轮车……还有煤矿、爆炸现场……她每次出差，我都提心吊胆，仿佛生离死别。

没事的时候，她又睡到日上三竿。早晨从下午开始，住在中国传媒大学附近的民居内，据说房间里都是书，只能扒开一个地方睡——不能以任何一个女孩子的标准来要求 M。她生性野荡，有颗自由敏感的心，读书读到眼睛快瞎掉了，见到个小纸片仍然读。上大学时站在成都 X 大学的楼道里看书，室友睡去了，她借着微弱的灯光读书，把青春与光阴交给书。

M 是新疆人，从新疆考出来后再没回去，她一个人游荡好多年，恋爱、失恋，再恋爱、再失恋。每一次都轰轰烈烈，每一次都无疾而终。

年轻的时候总是这样，以为爱上的人是此生最爱，却很快厌倦。再爱，仍然飞蛾扑火——因为年轻时有的是力气和资本，老了，爱情是奢侈的。

她常常半夜来找我。午夜已过，电话响了，她说："我在你家楼下。"这样的事情屡屡发生，起初意外，后来习以为常。我穿了睡衣拖鞋，带着眼屎下楼接她，漫天的星星也去接她，没有比我们更神经质的人——但我们无比迷恋这种神经质，神经质也需要有资本。

那时 Z 姐还活着，她笑着说我们："两个疯丫头。"

其实后来我们主要是闲逛和吃。M 饭量惊人，非常能吃。那时我五十五公斤，看着跟麻秆儿似的瘦，腰围不到二尺。后来 M 说我胖了许多，从前的裤子几乎全穿不进去了，显得珠圆玉润了。M 一直胖且黑，一米六五的身高加上一张圆脸，是永远的婴儿肥。那时我有胃病，M 把暖水袋扔在我胃上，让我快些长肉。

我们都爱吃辣。每次餐馆点东西都齐声说："变态辣。"M 还爱吃大馒头、辣酱、羊蝎子、咸菜，楼下爱芬超市卖纯碱大馒头。她在我买馒头的那会儿功夫能吃下去两个，回到家重新开始吃，那两个仿佛不在。这一点我望尘莫及。但后来常在一起，也成了吃货。上街只为转吃的，吃遍一条街仍然不满足，手扶着墙看着彼此，认定这样的朋友可以吃一辈子。

在吃的方面，我们志同道合。M 在青海定居后，我再也没有找到那么“神似”的吃友，觉得寡味极了。再也没有第二个 M 了。

我们也吵架，吵得厉害，说翻脸就翻脸。那时还没有朋友圈，如果有，大概会同时拉黑对方。

吵得最厉害的一次是为了去越南。那时我们看了《青木瓜之恋》，便一起迷上越南。越南的婀娜，越南女子的古朴清秀，越南建筑的法式风格。还有杜拉斯的越南。两个人约好一起去，必须一起去。她便打听如何从北京出发，坐火车到南宁，然后从南宁到越南。两个人兴奋得一夜没睡。

后来才发现她没有护照，去不了。我便也放下了此事。

过了一个月有个不熟的朋友找我，问我去不去越南？才四千块。我说去啊，然后我打电话告诉 M：“你没有护照，我先去了。”

她的电话中没声音。

“你怎么了？”

仍然没有声音。

她忽然哭了起来，以极大的声音质问我：“你凭什么一个人去越南？你不是说咱俩一起去吗？”她哭得委屈极了。我本来想争辩说你不是没有护照吗？又觉得愧对了她的深情。突然想起《霸王别姬》中，程蝶衣问段小楼：不是说好了一辈子吗？少一年一月一天一个时辰都不算一辈子。我亦哽咽，只觉得 M 一派天真朴素，这样的深情不能辜负。

多年之后，我因公差终于到了越南。在湄公河边，我默念一个人的名字。

M 已在千里之外，结婚生子，过生活。

我到底一个人来了越南。

M 说："好难忘第一次见到你，白衣黑裤，很干净地笑。"又说："有一次来廊坊找你，你坐在三轮车上，穿了一身旗袍，长长的卷发，特别像十三姨太。"那时我还是长长的卷发，后来一剪子剪了去，再也没留过长发。

那时我们多数时候无所事事。有一天她在北京，我在廊坊，两个人都想远游，一刻都不想待在原地了。先商量去大同听曹乃谦唱《到黑夜想你没办法》，又想去青海，总之，两个人蠢蠢欲动了。她即刻跑到楼下火车票代售处问票，人家说没有到这几个地方的票了。M 急了，冒出一句极经典之语："你就说有到哪儿的票吧？有到哪儿的，我们就去哪儿。"

年轻多好，有的是用不完的冲动。

她去铁岭采访，问我同去不？我当即决定去，因为我们要一起去看铁岭的二人转。

我拼了出租车去北京站，她买好了票在北京站等我。

中途出了车祸。出租车翻了，另外几个人都动不了了，我爬了出来，膝盖流了血，跟司机说我走了。那几个人都傻了似的看着我："你不去医院检查？"我笑着说："不去。"我要去铁岭看二人转，拦了一辆车又出发。到了北京站笑着和 M 叙述，她抱住我失声痛哭。

那天我穿了红裙子，艳得很。

到了铁岭，两个人彻底疯了，满街找二人转，问出租车司机哪儿的二人转最黄。司机回头瞅我们俩，我们俩连笑也不笑，只一本正经地问人家。

先去吃了铁锅炖鱼。打车要一百多块，只因听说鱼是从河里刚捞上来的，两个人围着铁锅吵了架，吵的什么忘记了，但吵过后又每人吃了二斤鱼，又转回铁岭吃杨麻子大饼，甜的咸的麻酱的，也不知胃里如何装得下。吃完后，彼此搀扶着去车站附近看二人转，买了十块钱一张的票。三十元一张的有茶有瓜子有水果，二十一张的只有茶，十块钱的什么也没有。

没开场之前，M鼓励我婀娜地绕场一周，说要像言慧珠一样张扬。那时也真是猛浪，提着红裙子角就绕场一周了，所有人全看我。M用相机啪啪地拍我。我们彼此得意，觉得过得真花天酒地。

又在铁岭鬼混二日。忽然半夜又吵起来，我跑到火车站要走，一个人在铁岭火车站掉眼泪。再一抬头，M站在面前也涕泪横流。多少年后明白，有一种感情，早已超越了爱情，不是爱情胜似爱情。

我走了之后，M给我发了一条短信："你走了，有一个女孩儿的铃声是《甜蜜蜜》，我听着，就一直哭啊哭，哭啊哭……"

那时我与M年轻飞扬，像野草一样茂盛，时刻准备逆风而行。

二〇〇九年九月一起去杭州。到西湖后，她甩下我一个人去拍毛主席像。我一个人站在断桥边发呆。

有时候M不近人情，但即使不近人情，因了她的率真，我却觉得她有颗金子一样的心。这样的人在我遇到的人中，尚无第二个。

她可以见花落泪、见草动情，亦可帮助并不相识的陌生人。手中无钱，却总是大把花钱，多数时候是给别人花。她从广州给我背了半麻袋面膜，一块钱一贴，使了几年仍然没用完。她又买了洗发水，说我头发掉得厉害，应该好好护理。我母亲常常觉得她不会过日子，为她以后的生活担忧，但她不但学会了生活，而且活得坚韧不拔。

那次在杭州，我们一起看了俞飞鸿导演的《爱有来生》，两个人又哭得不行。那时，我们仍然是未长大的少女一般，少女的心态与年龄无关。又过一年，我经历一些挫折，心灰意冷，那时，她在西宁，唤我去找她，我坐了飞机便去西宁了。

她去藏区采访养蜂人，要写一个十万字的稿子，如今这十万字仍然没有写出来，她已生了两个儿子，嫁给了当年的养蜂人。这一切注定是传奇。

我们在西宁大街上骑自行车，车是从老乔那儿借来的，老乔是户外运动爱好者。我在街上的一家店里有自己杯子，上面画了小鱼图案，我又认真写下“小禅”二字。M 说：“再来西宁你就用自己这个杯子了。”

西宁的风大，自行车飞起来了。我的裙子也飞起来了，露出了内裤。M 在后面嚷着：“雪小禅，你的内裤露出来了！”唯恐全西宁人不知道。

我们去吃西宁的小吃。各种各样的面、锅盔、粉、酸奶……自备健胃消食片。西宁是静的，我们的心是低的、矮的。

塔尔寺，看到那些磕长头的人们，日头很烈。M 带我去找僧人。我们坐在塔尔寺的门槛上发呆。

还在门口买了很多假的绿松石，一直喜气洋洋地戴着。

青海湖。一个叫谢肉的藏族小伙子拉着我们俩，工具是拖拉机。然后又换了摩托车。我被谢肉和 M 夹在中间。七月的青海湖正是好风光，两边的油菜花开得灿烂。风又大又冷，我们穿着棉衣，在摩托车上大呼小叫。这是我与 M 的青海湖，此生去一次足矣的青海湖。

青海湖边，河滩上有牦牛。我骑在牦牛上，穿了藏服，M 也穿着藏服，牵着牦牛——那一刻，我觉得人一定有前世，在前世，我是M宠爱的妻。

湖对面的山坡上。M与谢肉抽烟，不停地抽啊抽。我面对远处的青海湖，忽然落泪，此生，有M这样的女子为友，一起吃喝玩耍，一起落泪悲欣醉酒吵架，再有什么样的友情亦难超越。

那天下午，与M在湖对面的藏人家喝奶茶。新黄的酥油茶，又香又腥，就着青海湖的风喝下去。帐篷里是几张朴素真诚的脸，当时忽然闪过一个念头，M嫁给青海人就好了，他们有着一样的朴素、动人、敦厚。

M的爱情每次都是飞蛾扑火，每次被烧得仿佛再也不能活了，但每次都活了下来。

M的傻气总是让我心疼。她总说对方没钱，并且恳求我去给对方交话费，我那时的肺几乎被气炸了，却又乖乖为我不认识的男人交上两千电话费。这样的事情想起来仍然动容——因为再也不会那么傻了。

从青海回来后的几个月，我去了上海、石家庄，与M再无联系。我们总是这样，也许几个月不联系，但有一天突然跳到眼前。对于M的职业来说，这很正常。

在青海湖边散步时，她曾经说过一句不吉之语："假若有一天我去采访出了事，你一定找到我，七尺白布裹了我，葬我于青海湖。"我只道她年轻痴语，笑她尽是胡说。

那三个月我打她电话几次，均接不通。这种情况从前也有过，她在山区没有信号，自然接不通。

有一天梦到她死了，就哭得厉害，去买白布裹她，一边走一边哭，直至哭醒。和别人说起时，人家说梦是反的，才放了心。电话响了，低头一看，是M。

“你这几个月去哪儿了？急死我了。”电话中好长沉默。之后她的声音传来：“我告诉你件事，你别着急，我……我结婚了。”

我以为自己听错了，又追问：“你说什么？谁结婚了？”

“我结婚了，和我采访的养蜂人。比我小几岁，没什么文化，藏族小伙子，人特别朴素，对我极好……”

我感觉时间静止了，车水马龙仿佛都停了，我站在广阳道的马路牙子上，突然号啕大哭——好像生命中某个最珍贵的东西失去了。

M 结婚了，真的嫁给了青海人，一个朴素的藏族小伙子，听起来无比传奇，很多媒体想采访她，被拒绝。这是 M 的性格，过好自己的日子就行了，和别人无关。

我认为她将如别人一样，过似水流年的日子，然后终老青海，也想过此生见面机会再不多，心中难免惆怅凄惶。

自她结婚以来，我们忽然就远了，渐行渐远渐无声了。

及至八月，忽然接到一个陌生男子的电话。他口气急急的：“姐，我是小 X，M 的丈夫，她进产房了，大出血，她进去之前和我说，没钱去找我姐。”

我只说了一句话：“给我卡号吧。”

她生了一个十斤的胖儿子，母子平安。

M 已为人母。有时想起她半夜穿着人字拖鞋来找我，背一个帆布包，又想起她为爱情落泪，终于知道有一个词叫尘埃落定。

但一切刚刚开始。

二〇一一年十月一日，长假。我回霸州与亲人小聚。母亲和弟弟弟妹纷纷问 M 的情况。这个新疆姑娘得到了全家人的喜欢与认可，她的率真、朴素、敦厚，甚至她的好胃口——母亲知道 M 喜欢吃羊蹄，每次要买上十几斤，再摆上一盆西红柿，然后又会包上一大锅素馅儿包子。

M 一口气吃下过十几只羊蹄，又吃一盆西红柿，最多的时候吃过七八个包子。弟弟去给她买烧饼，也能吃四五个大烧饼。母亲说，这样的孩子实在，错不了。他们常常念叨她，问她何时再跟我回霸州老家。我告诉他们 M 结了婚时，他们都说："她怎么可能结婚呢？"但她不但结婚了，还生了孩子。

那天恰好是十一。电话响了，是 M。

"姐，我出车祸了，一家三口……"那时她孩子才三个多月。我只觉得不真实，却又极迅速地开始订去西宁的机票，越早越好。

我订的是早晨七点的机票，最早的航班。只剩一张机票了，头等舱，这是我第一次坐头等舱。

朋友建东跟司机送我去机场。凌晨三点一起床就直奔西宁了。

那天的雾真大，几乎寸步难行。司机迷了路，半天走不了几十米。我觉得 M 快死了，再晚了就来不及了，她的丈夫、孩子……都在抢救中。

在雾中爬行了一个小时，一个小时后，雾散了。如果雾不散，我会赶不到机场，会误掉飞机。

西宁医院。我见到了一年多没有见到的 M。她脸上缠着绷带，眼睛肿成一条缝。相顾无言，唯有泪千行。

真想打她、骂她："你怎么可以把自己弄得这么惨？"她躺在床上说："我还活着，你去看看孩子怎么样了。"

第一次见到她丈夫。一个眼睛清澈的藏族小伙子。他叫我姐，带我去看孩子。我与他，因为 M，忽然有莫名的亲近。这一场车祸，是一家三口乘出租车自贵德到西宁看病，出租车撞到大货车上。小 X 受伤最轻，但亦是浑身有伤。

他带我去西宁儿童医院。

那是我第一次见到 M 的儿子，一个被医生判了死刑的孩子。大夫拦住我说："别救了，脑死亡了，救过来也是植物人。孩子高烧一周了，你只要签字，我们马上拔下孩子身上的管子。"小 X 急得蹲在地上哭。

有的时候，我比任何人都镇定、冷静、不动声色。我只对医生说了三个字："不可以。"

我抱着孩子，看着那张和 M 一样的脸，只觉得生命多么奇妙。M 需要这个孩子，小 X 一直瞒着 M，孩子的情况。

我必须救这个孩子。

人在绝望的时候，可以孤注一掷。

第二天早晨，大夫告诉我：孩子退烧了。

我开始高原反应，压抑，呼吸不畅。小 X 买来氧气袋让我吸，十月的西宁天气已经很冷，他穿着开了口子的皮鞋，脚趾露在外面。

我带他去商场，给他买棉鞋。他说："姐，第一次有人给我买鞋子穿。"我说："我也是第一次给男人买鞋穿。"那一年的秋天特别慢，那一年我在西宁吃了很多马子禄牛肉面——大宽、二细、三细、毛细……我吃了多少碗兰州拉面？听了多少遍东关清真寺的钟声？

西宁注定是个令人终生难忘的城。那时，所有曾经的文艺浪漫面临的是血淋淋又狠毒无比的残酷现实，我唯一的愿望是：M 快些好起来，她的儿子快点醒过来。

那场车祸之后，M迅速成长。就像二〇一〇年之后，我摆脱了青涩与稚嫩，迅速苍老、遒劲，我指的是心。二〇一〇年于我的人生而言亦是分界点。

车祸后的M情绪很不稳定，她不能再留在青海，那是伤心地。

"来霸州吧。"我说。霸州是我的家乡。她答应了，赤手空拳来到来过无数次的霸州定居。

同学亚伯帮忙租了房子，在长城小区。离父母亲极近。亚伯又矮又胖，血压又高，背了M的书上楼说："好好过日子吧。"

同学文霞抱来了新被子，母亲和弟弟妹妹都来照看过，我提了面上楼，忽然觉得从前的生活是梦，在真实的生活面前，任何人都不堪一击。

M的丈夫、公公亦来了霸州。儿子在M的怀中一天天长大。很胖、很壮，只是左手右脚没有力气。M和小X带孩子去北京做康复，每次要花六七百。M表现出的母爱让我震撼。

曾没有人比她更讨厌孩子——有一次我们坐飞机，听到一个婴儿一直在哭，M气恼地说："真恨不得掐死她呀。"但做了母亲的M表现出极大的耐心，小心哄着孩子，见了别人家的孩子也面目喜悦地哄、逗。

M的公公仍然酗酒。小X不适应平原的气候，有些晕氧。但他们爱赶霸州的大集，说东西又便宜又好。

春节的时候，我回霸州看他们。他们一家人过春节，按照青海的方式过。M给我发短信："公公说，透过窗户可以看到霸州广场的灯光和烟火，我们一家人都会记得这个春节。"

但我仍然感觉到M的忧郁与不快乐。那种不快乐像细菌一样，会蔓延。

那时她与小X常常争吵，有时还动手——所有的爱情在现实的面前都会鸡零狗碎。有一次他们吵得厉害，把房东家的玻璃砸了，又动了手。M吞了安眠药，一整瓶。

接到她的电话，我快疯了。我给同学亚伯打电话，亚伯声音颤抖，从酒场上撤下来，胖胖的身子跑着上五楼。那时M尚清醒，我与亚伯把她连拉带拽弄到医院。亚伯找熟人，我摁着M洗胃，没有眼泪，没有慌张，只有愤怒。M辜负了我对她的苦心。母亲与弟弟妹妹亦赶来，母亲落泪："傻闺女，好死不如赖活着。"

这是二〇一二年春天，我在北京、廊坊、霸州三地跑，那时我在中国戏曲学院教学。

不久，M抱着几个月大的孩子去杭州采访一个医生，全中国大概只有一个记者背着孩子去采访吧。那天我给同学们上写作课——自M尝试自杀后，我始终没有再提此事，而且从不落泪。但那天上课我讲起了我和M好玩的那些故事，又说起了后来，当我说到她正抱着孩子在杭州高铁上时，泪如雨下，几乎失声。我的学生陪我哭，又递了纸巾。过了一段时间，M抱孩子来跟我上课，与我的学生喝酒、聊天、谈笑风生。活着真好。

那次她写的稿子得了奖。白岩松要连线采访她，她给我打电话："快帮我找一张我的照片。"M几乎从来不照相，多数时候是她给我拍照。我从我俩的合影中找了一张给她，她穿了件红衣服，傻呵呵地笑着，像多子多孙的表情。

M总说将来要开个农场，接我、亚伯和其他人去住。最后农场没有开，M决定与丈夫、公公一起回青海，青海才是他们的根呀。度过了这一段最艰难的时期，好人生总会来的。

M一家回了青海，来搬家时也黯然。母亲已经哭了好几次，表妹红霞和二妗子十分喜欢M。每年春节我都带着M去乡下二妗子家玩，大锅炖的鱼、烙的饼、熬的粥、蒸的馒头……她与二妗子家的气场非常相合：敦厚、朴素，不嫌脏不嫌糙的。家里四五个孩子乱跑，猫和狗乱跳，炕上堆满了杂物。M坐在炕上吃二妗子烙的韭菜鸡蛋馅饼。表妹红霞的孩子和M的孩子一样大，两个人攀起了亲家……

恍惚间，不信这是那个当年背张枣诗歌的人——只要想起一生中后悔的事，梅花便落了下来。梅花真的落下来了，我们在粗粝的生活中慢慢变老，不变的，是当年那颗热爱生活的心。

几年前心灰意冷时，曾给M发过这样的短信："真没意思，活着没意思……"她回了短信："姐，你如果走了，我马上去天堂找你，我怕你孤单。"这世界上，只有M说过这样生生死死的话。爱我的人没有说过，说陪我到老的人没有说过，亲人们没有说过。我知道M，她不是说说而已，她说得出，做得到。

我后来对她说："吓唬你啦，我要活到满头银发，然后和你穿着球鞋去吃麻辣烫。"小X总说我们是两个不可思议的疯女人，疯了就好了。我们还那么热烈地活着，像两株野草。

二〇一三年八月，Z姐病重，我给M打了电话。自她回了青海之后，很少再回内地，与小X开始在网上售卖青海特产。我总说在我微博上给她做宣传，她也不肯。

M买了机票之后开始让小X半夜起床。小X看她与我通话便知又要疯了。

她让小 X 半夜杀牦牛，然后把半麻袋牦牛肉带上了飞机。那时，Z 姐天天说我们俩是疯丫头。Z 姐不行了，肺癌晚期了。

Z 姐看到 M 时说：“长大了！长大了！”

Z 姐对 M 说：“小禅是富贵相，心眼好，你好好跟定了她，两个人好一辈子。”那天我给 Z 姐煲了牦牛肉骨头汤，炒了土豆丝，又烙了两张饼。那天 Z 姐吃了很多，是得病后吃得最多的一次。Z 姐到底走了。我与 M 哭得像两个孩子。M 说：“看着我们俩疯的人走了。”

M 回了青海，一走又一年。我们偶尔微信问候一声，各忙各的。她总说我不爱听的：大学讲座太多、脸色憔悴、白头发都长出来了……但我知道她是真心的。

二〇一四年五月二十一日，M 给了我一个惊喜。她诞下第二个孩子，还是儿子。我骂她笨，连女儿也生不出来。但她立志还生，只不过交三千罚款。我说我交，必须让她儿女成群，到老了我们子孙满堂，而我们俩依然俗气得不行，张嘴闭嘴跟儿孙要吃的。

因为我们都明白，人世间没有比好好活着更重要的事情了。

活着，往前走着，那就是最美的人世间。

越来越不喜欢那些繁复的、热烈的、张扬的物质，华衣美服全身奢侈品的女人让人退避。一双明亮眼神，着青色素服的女子让人温暖，远远望上去，她是宋徽宗说的雨破天青色。

把自己活成一种方式，活得没有时间和年龄，这是最美的修为。与光阴化干戈为玉帛，把光阴的荒凉和苍老做成一朵花别在衣襟上。

植物女子

*

*

植物女子是静的，饱满的贞静，不浮、不躁、不腻。清清爽爽往那里一站、一坐、一笑，不张扬，却有惊天动地的静气。

有些女子带着热烘烘的肉欲，兽的气息。蛇，或者猫。带着邪恶的危险性，有逼仄的声音。豹一样的野心，明目张胆的狂气——连她的每根头发都有故事。一波三折，跌宕起伏。

有些女子是玉，精致到无可挑剔，但错误便在这要命的精致里——过分的精致便是照 CT，她近乎完美地端坐，不容置疑地凛凛然。有些女子是素白的 A4 纸，规范而乏味，说不出哪里不好，却哪里都不好。

还有些女子是软缎、丝绸。太妖了，一生只负责妖娆，自恋和男人便是一切，如果爱上艺术便自恋一生，如若爱上男人便永世缠绵。

唯那些植物女子，是朵朴素的花，或野生的树，有着明确的生活姿势。不大众，不随波逐流。亦不过于小众，不落落寡欢。她着布衣，粗麻鞋，挽了长发，头上插银簪。她坚持手书，自制清茶，一日三餐亲力亲为，并且搭配得绿肥红瘦。自己染布，把自己的画印上去，然后设计好那独一无二的长裙，粗麻，到脚踝，一步一步走在春光里。采了榆钱儿和槐花，和进玉米面里，蒸了窝头，就着自己腌制的小黄瓜，这是银碗盛雪，这也是柴米油盐。

她的朋友不多，三五知己，烹雪煮茗，一起聊天、唱戏、品茗，自性清明，却接引天地、自然而然。

她也一个人独坐。闻窗外蔷薇花香，穿了汉服煮了素茶。一粒粒剥了新蒜腌制上，天地与光阴的天作之合里，她有自足的惊喜与自在。

重要的是，她有着难得的朴素、日常、平易、贞亲，品尝着世间一点点的好，那不欺不伪不张不扬，是自制的一款纯棉小背心，穿起来贴了心、贴了肺的好——她一个人散步、逛街、远行，去看花，去市井，去地摊上淘日常的宝贝，有时亦如男人一样能干，在院子里支了大锅烧泥罐。她知道世上的陶陶罐罐、一草一木其实都懂得世道人心。

她这样自足，用十块钱一米的布做成袍子穿，又买来猪肉拌馅用，去野地里挖荠菜时唱着民间小调。她活得这么慢、这么从容，她有真香，不用生风，却已蔚然成风。她亦孤独，却一人问茶问悲欣，能不扰人尽量不扰人。她用足够的孤独来与时间对抗，像放了七年的老白茶，在光阴里有了清刚正大的药性，七泡下去，余香袅袅。

朋友中木鱼与枫便是。我称木鱼为先生，她四十开外，却活到没有年龄似的，一笑有浅浅虎牙，素白布裙，因与老戏骨王仁杰先生相知相恋便移居泉州。三十岁的年龄差距端的是老夫少妻。

然而那么好，一个是南方戏曲才子，一个是北方端丽娇娘，她在岁月绵长中形成了刚柔并济的性情，也有自己凝练沉着的担当，是植物中的银杏，光阴愈长，愈透出贞静的气息。她懂戏，又爱字，重要的是爱人生，一针一线过自己的日子。在安静的小城泉州过着自足的生活——自家晒干的黄花菜温水泡发，和排骨一起炖……

她与王仁杰老师夫唱妇随，两人看戏、品戏、写戏，原汁原味的生活从来不动声色。她每每远行自带茶盏，一茶一杯一禅意，她活得最像落花深一尺、不用带蒲团的天女，清幽幽。

另一位女友枫在石家庄。早年在沧州，嫁人的同时也辞职。住在一个老小区里，飘满槐花香、桂花香。她穿着自己缝的衣裳，腌了很多糖蒜和咸菜。在石家庄聊至秉烛，声音淡淡，烛影回摇。H说东土如画，她的长裙、长发、素鞋真美，我唱戏给她听。世间女子如果相亲起来，怕也是惊天动地。

《六祖坛经》中说："无所从来，亦无所去，无生无灭，是如来清净禅。"植物女子是清净禅，是明心见性，她有她自己的风、自己的骨，自己的微光与散淡，却又饱满似银，活得铮铮，底色清亮自然。

暮春，一个人去看蔷薇。见蔷薇热烈盛开，那是我吗？植物一样的姿态，在蔷薇前发呆，这是自己的天、自己的地，那份自足的好心好意，蔷薇全知道。人生欲问此中妙，怀素自言初不知。怀素不知，我亦不知，但风知道，蔷薇知道，那植物一样的女子想必也知道。

* *

越是有能力、有才华之人，越是沉静、收敛、从容，不自以为是、不显山露水、不与人争锋。因为别人的评价已无足轻重，虽能洞悉别人伪装与本性却视若不见，却只日夜兼程，追寻内外兼修的幸福与充实。

*

*

从前慢 * 珍重待春风

不经历一些世事打磨的女子，不经过时光淬炼的女子，哪有这样凛冽的眼神？那种复杂的单纯和单纯的复杂让人觉得柔韧、醇厚，恰似一款古树茶一般，又藏了些许年，口感敦厚，却又有猛烈的野气。那份不羁，叫大自在。

自渡彼岸

*

*

那年，他十七岁。

家贫。

过年吃饺子，只有爷爷奶奶可以吃到白面包的饺子。母亲用榆树皮磨成粉，再和玉米面掺在一起，这样可以把馅儿裹住，不散。单用玉米面包饺子包不成，那饺子难以下咽……但记忆中可以分得两个白面饺子，小心翼翼吞咽，生怕遗漏了什么，但还不知道到底遗漏了什么，就已经咽下肚去。

衣裳更是因陋就简。老大穿了老二穿，老二穿了老三穿，裤子上常常有补丁，有好多年只穿一两件衣服，也觉得难看，但撑到上班，仍然穿补丁衣裳，照相去借人家衣服……说来都是悲辛。

记忆最深是十七岁冬天，同村邻居亦有十八岁少年，有亲戚在东北林场，说可以上山拉木头，一天能挣三十多块。他听了心动，两人约了去运木头，亦不知东北有多冷。他至今记得当时有多兴奋，亦铭印一样记得那地名——额尔古纳左旗（现名根河市），牛耳河畔，中苏边界，零下四十九摄氏度，滴水成冰。

每日早上五点起床，步行四十里上山。冰天雪地，雪一米多厚。拉着一辆空车上山，一步一滑。哪里有秋衣秋裤，只有母亲做的棉衣棉裤，风雪灌进去，冷得连骨头缝都响。眉毛是白的，眼睫毛也是白的，哈出的气变成霜，腰里鼓鼓的是两个窝窝头。他把窝窝头用白布缠了，紧紧贴在肚皮上，身体的温度暖着它，不至于冻成硬块咬不动。

不能走慢了，会真的冻死人。拉着车一路小跑，上山要四个多小时。前胸后背全是汗，山顶到了。坐下吃饭，那饭便是两个贴在胸口的窝窝头，就着雪。到处是雪，一把把吞到肚子里去，才十七岁，禁冷禁饿，那雪的滋味永生不忘。

然后装上一车木头，往山下走，下山容易些，只需控制着车的平衡。上山四个小时，下山两个小时，回来时天黑了。

那是他少年时的林海雪原。

进了屋用雪搓手搓脚搓耳朵，怕冻僵的手脚突然一热坏死掉，脱掉被汗湿透的棉衣，烤在火墙边，换另一套前天穿过的棉衣。晚餐依然是窝窝头。第二天早上照样五点起，周而复始。

一个月之后离开时，怀揣一千块钱。一千块钱在那个年代是天文数字，那时的人们一个月的工资不过二十几块。

回家后，母亲看他后背上勒出的一道道紫红的伤痕，放声号啕。

那一千块钱，给家里盖了五间大瓦房。他说起时，轻声细语，仿佛说一件有趣的事情，听者潸然泪下。光阴里每一步全是修行，不自知间，早已自渡。那零下四十九摄氏度的牛耳河，霸占着他十七岁的青春，直至老去，不可泯灭。

南方少年 W，十七岁考入武汉大学，亦是家贫，整个冬天借同学的棉衣穿，他说少年时不知“被子”为何物，每天缩成一团便睡去。长期饥饿，身体消瘦。一日三餐不果腹，但仍记得武大樱花是美的。多年后功成名就，又去武大读博士：只想体会一下，不饿肚子读书是怎样的，而且有被子盖。他言语之间也无抱怨，讲少年时的苦涩只当是自渡。

贾樟柯自言年少时是小县城的混混，酗酒、抽烟、打架，后来鬼混的那帮人有的死了，有的进了监狱，有的去当兵了，他报考了太原的一个美术班，准备去考一个什么大学。后来他考上北京电影学院文学系，一九九五年开始电影编导工作，后来又拍了《小武》《三峡好人》《二十四城记》《天注定》……后来他得了很多大奖。

没事的时候，他总跑到那个叫汾阳的小县城，找从前的朋友打牌、聊天、喝酒。有时彼岸很远，遥不可及。有时就在前方，伸手可及。

与某地方老总聊天。他谈吐儒雅，一身麻质灰色衬衣，品茗之间，说的全是人世间的动人风物……老茶、器物、书画。言及少年，他笑言：“那时我在上海，差不多已是黑帮老大，每日打打杀杀，身上很多刀疤。有一次我剁了人家三根手指头，人家找上门，自然也要剁我三根手指头。我们家那时只有十八万，我母亲全交给我了。”

“我对那人说：‘有两条路给你选，第一，你收了这十八万，不剁我了；

第二，你剁我三个手指头。’”结果那人要了十八万。他回到家，看到父母一夜之间头发全白了，而且在收拾东西，又准备搬家。每回他出事，父母就得再次搬家——因为怕人报复。

那一瞬间他落泪了。自此以后，努力读书，发誓永不再打打杀杀。那一年，他十七岁。

忆及自身，自少时至三十岁，一路繁花似锦，春风得意马蹄疾，长安花看遍几回。忽一日，万马齐喑，梦回身，雨雪风霜严相逼，月光下独自眠餐独自行。那是怎样的一年，仿佛每一天都过不下去了，仿佛这世间没有一点点温暖和阳光……一个人漫无目的地在大街小巷走啊走，无人诉说，也不想诉说。

再回首，正是那一年，收了余恨免了娇嗔，懂了因果知了慈悲，而文字有了风骨与格局。自渡彼岸，以光阴为楫，任风吹，任雪来。很多光阴，你必须独自一个人度过。以为过不来的万水千山，一定过得来。

弘一法师早早预知自己圆寂的时辰，应了丰子恺一张画，让他四天后来取。第三日，弘一法师对小僧说：“悲欣交集，吾今去矣。”平静离世。丰子恺再来，已是永诀——他故意推迟一日让学生来。

亦有信佛一生的老人，一辈子乐善好施。早早做好自己的寿衣，从容安排自己的死亡，仿佛是去另一场旅行。她更是在自己离世之日，安排儿子、儿媳早早守在身边，无比镇定。天已黄昏，她坦言：“给我穿衣服吧。”女儿、儿子都泣不成声，她不让他们哭。穿了寿衣，她又说：“把我抬到外屋床板上吧。”

在北方，人死了是要搭一块床板，然后停在中间的屋子里，人一进门要磕头、烧纸钱。

上了床板，她仍然无比清醒，像指挥一场战役一样指挥自己的死亡。

天黑了下来，路灯亮了。

她说：“灯亮了，多好呀。烧纸吧，我要走了……”

众人皆以为她只是说说，因为老人几年前已失明，对光线很敏感，灯亮的时候，她是知道的。

亲人们开始烧纸，纸烧起来的时候，老人溘然长逝，不差一秒。她镇定自若地指挥了自己的死亡，把自己轻轻送到彼岸。一生慈悲喜舍，淡定生死间。

弘一法师在天津的故居是四合院。他的邻居说：“一到夏天，别人家都苍蝇乱飞，唯有李叔同的家里，一只苍蝇也没有，也是奇怪了……”

弘一法师，他不仅渡了今生，亦渡了来世。

老伶人

*

*

我喜欢戏是从程派开始。

先入为主的概念太深，所以别的流派稍微差点也入不了我的耳。

日后渐渐喜欢了余派、马派、言派、梅派、张派……唯独对荀派，没有提起半丝兴趣来。

一是看了一部电视剧《荀慧生》，把荀慧生演了个正大光明，一副“正旦”的样子，荀慧生好像枉担了“白牡丹”这个艳名。那电视剧拍得不尽如人意，绝非我想要看的那个样子。

二是在中央十一套看戏，偶尔有荀派演员，俏得太重。小花旦，不分场合地撒着娇，唱得腻人。更有人用日语唱荀派，不可忍。那艳红的唇，流飞

* *

春风吹老一庭花，春风堪赏也堪恨，天地都会寂寥，何况这残山剩水的老伶人？

在先生的梦里，想必还有那最为光芒时的惊鸿艳影吧——那时她才十六岁，倾国倾城，玉貌朱颜，上得台来还未发声，众人已倾倒。

而年老的她，只要轻轻一个眼神，便覆盖了所有年轻时的风华正茂，那人生的戏比戏台上的戏要丰满深邃得多。

似彩的眼神，都蓦然让人生出对荀派的恐惧来。

我是怕了。

怕了荀派，所以宁肯不听。

如果听，亦是在网上听荀慧生先生的老荀派，但因为隔的年代久远，亦听得不真、不切。

甚至觉得荀派是那样低，低到有人说唱荀派，我就淡淡地说：“哦。”马上想到那些艳粉戏，春风流动，青楼曼妙，打情骂俏……总之，就是这样了。

如果不是遇到她，我对荀派的偏见怕是难以改变。

二〇一二年重阳节，我在长安大戏院。迟小秋送了两张票给我，“来看戏吧，张百发组织的重阳节京剧演唱会，全是老伶人……”

坐定长安大戏院，已被那些老伶人唱的戏打动得想落泪。虽然都已经七八十岁，最好的时光过去了，可是经历了风霜的嗓音更有味道，更在迷茫中多了一份苍劲与醇厚。

来自沈阳京剧院的吕东明，程派，《荒山泪》。她一张嘴，仿佛秋风终于簌簌而下。之前觉得张火丁已唱得足够好，但当她唱出第一句，“谯楼上二更鼓声声送听”，只觉得有什么一下子潜入了内心，要把人掏空了！

那是种什么感觉呢？帛裂了，震撼了！吕东明先生是赵荣琛先生的大弟子，赵荣琛先生又是程砚秋先生的大弟子。得了程派真传，韵道十足。那才是似杜鹃啼院，那才是哽咽难言的程派……

她八十二岁了呀，佝偻着身子上来，但张嘴一唱，有了！底气十足！这一段唱完了，下面掌声沸腾了，我第一次在长安大戏院听戏把手掌拍麻了！

“再来一段！再来一段！”山一样的呼声喊她回来。

她回来了，加一段《锁麟囊》中的流水板："这才是人生难预料，不想团圆在今朝，回首繁华如梦渺，残生一线付惊涛……"

只听得心里万转千回，湿在心头，漾在眉头。

本以为东明先生的唱段已经是巅峰，所以，当我看到她出来，主持人介绍说她唱荀派时，并没有抱太多的希冀，我甚至想趁着她唱的工夫，去个卫生间。

她银发，八十岁，穿了件银灰的坎肩，戴着戒指和玉镯。很安静。台风是凛凛的，但眉眼间却自有一种风情，那风情亦是难掩。不是女子的薄薄的风情，亦不是印象中荀派妖妖的风情，哦，不是的。

她开口唱了："顾影伤春枉自怜，朝云暮雨怨华年，苍天若与人方便，愿做鸳鸯不羡仙。"她只唱了这四句。这四句足以致命了！慢板，要人命的慢板。声音，要人命的声音。

我呆了，从她一张嘴我就呆了，从她唱出那个"春"字来我就呆了！甚至，连眼泪都觉得多余的，连鼓掌都忘掉了。

不仅仅是我。很多人忘记了鼓掌，醒过来才发现是惊梦一场。

活到半生，这是我听到过的最好的一段唱！

每个音符都是一把温柔的小刀，毫不客气地把一颗心割伤。每个低回婉转处都足以让还向往爱情的人私奔或者与之同生共死。怎么那么忧伤呢？像一滴绿色的、可以把时光染绿的水。怎么那么妖媚呢？只想找个好人好好爱一场。怎么那么妖娆呢？只想永远留在此时此刻的长安大戏院！

"亭前垂柳珍重待春风"，这几个字出现在眼前，用以形容眼前的老伶人多么恰当！

我甚至不知道她是谁，她来自哪里。

年龄越长，越难以被击中了。我们看到的那些速度过快的、整体包装的、充满塑料气息的、乏味的事物越来越多了。心麻木得离死亡很近——你有多久没有落泪了？包括看那些催泪的电影，包括那无休无止的煽情，你只觉得是一场游戏。

可是，突然就这样止不住想哭了。

看着台上的她再唱《玉堂春》，我不知不觉泪流满面。

虽然唱的是行云流水的流水板，虽然是《玉堂春》里的《嫖院》，可是，眼泪仍然那样放肆，好像有理有据了，好像小半生就应该为遇到这样一段好荀派痛快哭一次了。

二十年前，有一个男同学喜欢京剧。他买了一盒七块五的磁带给我，里面全是流水板。开始的时候，我把它随便放到一堆磁带里，仍然听齐秦、王杰、齐豫、迈克尔·杰克逊、罗大佑、枪炮与玫瑰……后来寂寥时听了这盘磁带。《三家店》《武家坡》《锁麟囊》《龙凤呈祥》《红娘》……仍然不是那样热烈的爱，但京剧似一粒野草般的种子，种在一个少年的心里。

二十年后，在长安大戏院听到这段流水板，潸然泪下。连怕被别人笑话的心思都没有，只听得心里有什么咚咚在响，像风箱一样，呼啦呼啦地拉着，整个过程，悲欣交集了。

那场全是老伶人的演唱会完毕，忙去打听她的名字。

黄氏少华。

黄少华，一九三三年生人，九岁习艺，专攻荀派表演艺术，先拜京胡名家朗富润先生研习荀派声腔艺术，又拜荀慧生先生求取深造，允文允武，能戏颇多，深受观众青睐。晚年于石家庄市京剧团退休。

几年前写过一篇文章《如果春天去看一个人》，说的是要去南京看新艳秋，她一直偷学程砚秋，和程唱对台戏。她唱得真好，她是真的把程派当成情人一样对待，但她在程派里没有名分没有地位。张火丁跑到南京去跟她学戏，在宾馆里租了两间房子，一间新艳秋住，一间自己住。

喜欢张火丁的主要原因还是喜欢她的人。她对戏有一种痴的境界，别的演员是不会跑去和新艳秋学戏的，一个没有势力的老伶人，没落到如此，谁去？但是，火丁去。

一直想去看新艳秋，未果。结果听来的是噩耗，没来得及去看老人，她仙去了。这样的遗憾不想再有，于是果断决定去看黄少华先生。

以为她退休在石家庄，一定会在石家庄。自以为是地去了，跟很多人打听，有说没有在石家庄，而是在天津的，还有说在北京的……最后，从省文化厅老贾那里得到了她的电话。

一直舍不得打。

仿佛怕惊扰了什么似的。

但到底打了。“你是？”她问。我说：“我是您的戏迷。您在哪里？我想去看您。”我就是这样单刀直入，意义明确。我想去看她。

“那你来，我等你……”她的声音显然不如唱戏好听，略带暮气，可仍然是好听的，唱过戏的嗓子，不一样。

“我住天津河北区……”开始我没听清，我说，能让您孙子或孙女给我发个短信吗？她支吾了一下，又说了几遍。

我以为她孙子或孙女不在家，但这个地址还是记下了。这个地址像印在心里了，很少能记得这么清楚牢固的。

去的那天风大天冷。

二〇一二年十一月三十日，小言开车。

小言是骨骼清奇的女子，眼睛特别大，又深陷进去，总有混血的嫌疑。她果敢善良，又爱好广泛，喜欢旅行、画画、篆刻，车里还备了篆刻刀子。那天她也在长安大戏院，她之前对京剧并不喜欢，但那天之后，她说自己喜欢了。至少，喜欢黄少华老先生的荀派了。

"那是我听过的最美的荀派。"我告诉小言。

虽然有导航仪，还是在天津小胡同里绕来绕去好几遭。天津就这样好，市井气极浓，浓得和天津话一样，听着绕梁十八弯，往上翘，可自有它的动人处。天津话亦像荀派，婉转是表面的，其实骨子里全是自己的媚与妖娆。天津那些胡同不同于北京的胡同，北京的胡同大气，但地气不足，天津的胡同，随便挑一家都可能是冒着热气腾腾的煎饼、水饺、肉饼的店铺……店铺不大，可是闻香下马，让人想立刻去吃上。

风大，冷，风像刀，削着脸，生生地冷。北方的冷干冽干冽的，我发了微博说来看黄少华先生。很多人留言：给先生问好。她能把人迷死，八十岁还能把人迷死，特别是眯起眼睛唱戏时，黄先生才是真正的荀派……迷死人了。因为冷，没再打先生电话，怕她冻着，一步步寻了去，问了至少二十个人，终于问到了。

那是一栋老房子。

一九七六年大地震后盖的。灰败的墙，有的地方裸露着电线。

是三楼，拾级而上，看到杂物堆积的楼道。各种各样的东西被堆得到处都是。楼梯结构不合理，一楼四户，八十年代的简易防盗门。亦去过京城戏曲名家的房，三环内，装饰气派，房子要千万。而她住这里，像贫窑，带着贾樟柯电影中那种暧昧不明的小城气息。

上得三楼，只觉得那最里面的一家是她的家。

敲门，露出一张脸——果然是。

寒气裹紧了屋子，过道即是厅。

小小的两室。

一间卧室仅放一张床和一张桌子，另一间卧室向阳，放稍微大点的一张床和一张桌子。

三十几平方米。

“您的家人呢？”我冒昧地问。

“我一个人住。”她说，“老伴去世多年了。”

“没和儿女一起住？”我又问。

“我没生过孩子，没有孩子。”她淡淡地说。

呆了的是我，一下子愣了，空气中什么好像凝固了似的。

小言后来说，我那时脸上的表情怪极了，像被什么打了一下。

疼。

对，是疼的表情。

刹那间的心疼，潮水一样涌来…… 我还让人家孙子孙女接电话发短信。她一个人。一个人吃饭，一个人睡觉，一个人听着自己的戏。八十岁了，身边无人，如果不是出现在重阳节的演唱会上，我永远不知道这世界上还有这个叫黄少华的老人，永远不知道有人可以把荀派唱得这样魂断绕梁。

老人给我们坐水沏茶，我把楼下超市买的黑芝麻糊和藕粉放到桌子上，她客气着："不用给我花钱的，不用的。"语调是讨好而内敛的。胜芳产的玻璃钢桌子，有一个鱼缸，鱼缸里只有两条小金鱼，游来游去。

"做个伴儿。"她说。

阳台上种着花，不名贵的花，小桌子上供着佛像。"我信佛。"她又说。

窗外是她亲手扎的风车，五颜六色，在寒风中转着。"闲着也是闲着，扎个风车。"有人传说她会画画，还会剪纸雕刻，她说："我没上过学，不认识字。后来先生让我看剧本，我说不认识字，可是先生说一定要让我看，渐渐就认得字了……"

墙上有她的剧照，和荀先生的一张特别让人注目。荀慧生先生坐着，她站在旁侧，像一株清淡凉菊，穿着朴素淡然。

最喜欢的是她十六岁的那张黑白照片。

十六岁，她挑班了。出落得俊俏动人，眉眼之间却全是静气。立领的衣服，两条粗辫子落在胸前，眼神干净地看着前方，眉宇之间让人心生喜欢。

"您真美呀！"小言说。

"老了，老了……"她说。

"怎么没生个孩子？"问她。

"你不知道唱戏这一行，早些年练功狠，例假也不准，肚子老疼，不爱怀孕……"

裴艳玲先生说戏是她的天，戏是她的命，可是她仍然有两个女儿。可是黄氏少华先生有什么？"文革"中她差点被害死，索性不再唱戏，"文革"后去了石家庄京剧团，只是一个地区的京剧团，没唱几年，退了……退了回到天津，老伴是天津的，从前住比较富裕的和平区，后来为给老伴看心脏病和外甥换了房子。

“你应该找个保姆……”我小声说。

我心里想的是，她都八十了，万一……毕竟只有她一个人。

“我们河北区这边收入都不高，没人找保姆。我还行，病了去医院了就叫学生，我有学生……”

她给我们看过去的老照片。她可真美，不论那时，还是现在。她还是说身体：“身体不行了，左眼白内障，做手术失败，失明了。右眼不敢再做了，如果再做，就去同仁医院……”

到中午了，去吃饭，她执意要请我们，从抽屉里拿出一把钱，不过二三百，从柜子里拿出羽绒服，白色的。很少看八十岁的老人穿白色的羽绒服，很扎眼，但真的很好看。

风仍然大，天寒地冻的。

我搀着她在风里走，小言在后面给我们拍了很多照片。风吹在我和她的脸上，我们迎着风走。

“我平时就一个人待着，看电视，自己鼓捣点吃的，听听戏，挺好的……”

她看不到我的眼泪在冷风里飞着。

走了很远，到了一个不错的酒店，在大堂吃。三个人，点了几个菜：素烧豆腐，素炒青菜……馅饼，番茄鸡蛋汤。她不吃肉，都是素的，低头吃，几乎都不说话。

“下回在家里吃，我们包饺子吃。”她说。

打包的时候，她把餐巾纸一张张抽出来，“两块钱一盒买的，甭浪费了，带着……”她放到我的包里，“擦个手什么的用。”

回去的路上不一样，路过天津美院和海河饭店，还有大悲禅寺。“这里初一、十五烧香的特别多，信佛挺好的。”她侧过脸的刹那，我看到她的老年斑，在阳光下闪着异样的光。

回到家，来了串门的。广州大学的一个男子喜欢黄先生的荀派来看她，还有和平区工会的一个男子，来学程派。

“您也会唱程派？”

“会的，但不如荀派唱得好。荀先生告诉我们，男旦唱旦要夸张，特别是荀派，因为毕竟是男人唱，不夸张不媚。可是女人就不能再夸张了，女人本来就媚的，不能把荀派唱成小花旦，满场耍，那不行，要唱成大花旦……”

广州大学的男子提出要和她合影。

她扭转身去卫生间，“给脸上色儿，要不太难看……”再出来，她涂了口红，端坐在椅子上，一看就是唱过戏的范儿。那口红忽然显得春意圆满，不急不倦的人生，走到八十岁，因了照相还要去涂口红，也算喜悦。

我也去了卫生间，狭小得只能进一个人。蹲式厕所，要扭开老旧的水龙头才能冲水……她还蹲得下吗？毕竟八十岁了。

太阳往下落了，屋里的温度渐次往下降。

“十二月三十一日是我的生日……”她像是自言自语。

“我们来。”小言说。

“一定来。”我看着她的眼睛说。

她把头扭向阳台上那些花：“你们再来的时候，这些花就都开了，我们那天就包饺子吃。”

*

*

每个老伶人的身后，都有说不出的一股绿阴阴的风跟着。有的时候选择了唱戏，其实是选择了一种命运。

茶人

*

*

茶人本就是接天引地、清格自在之人，魏晋时期，茶人就被称为“素业”了。茶为嘉木，能成为茶人，心中必有一段春风、一朵清淡之莲、一截阔气豁朗，那浓烈、放肆、鲁莽之人，哪里能称为茶人呢？没有一份澄澈的清丽，也绝非一个好茶人。

延延的名字便好，又姓“时”，便好上加好了。有时，名字便是天意。我自己光说无意间取了笔名叫雪小禅，其实一切还是天意。有些名字，注定会命格高，会是传奇，这便是没有办法的事情。

我听到“时延延”三个字时，便觉得清丽，及至见到人，便更觉于情于缘分更是旧相识。延延才二十八岁，但老笔澹澹，像一帧古帖，大概长期和古茶树缠在一起，身上有清逸的茶气，却又带了这个年龄不应该有的山高水阔和气象万千。

初见是深冬。去她的“百年蘭草堂”喝茶，茶室中有傣族老房子拆下来的木头制成的茶桌，亦有粗朴烛台，茶托由日本铁打出。她拿出藏了三十年的老茶招待我，音乐是佛家《大悲咒》。墙上有僧人字画，墙角是一大罐莲蓬，那陶罐原本是傣陶，桌上的清供是一枝干茶花。

我刚刚从日本回来，自然欢喜这禅意简朴的屋子。延延穿了茶服，梳了麻花辫子，脸上不施任何脂粉，眉眼间皆是自性清明的纯真与干净。我心头一喜，觉得茶人便是这个样子了。

长日清谈。

三句两句地说着。

外面飘雪，她带我去看她藏的茶——傣罐里皆是古树茶，她只做古树的普洱茶。那姿态里有不张不扬的态度。稍微沙哑的嗓音更显朴素，像书法里的逸笔。

我们喝了一下午的老茶，都有了“晓山入画春无际”的雅兴。通脱超拔之人，大多都有清雅飘逸之处，延延也不例外，那一身茶气与飘逸，自然让人心里欢喜。

第二次去觉得她有“野气”，苍绿了。与这个年龄不相符的老绿——不经历一些世事打磨的女子，不经过时光淬炼的女子，哪有这样凛冽的眼神？那种复杂的单纯和单纯的复杂让人觉得柔韧、醇厚，恰似一款古树茶一般，又藏了些许年，口感敦厚，却又有猛烈的野气。那份不羁，叫大自在。

她刚有宝宝，名叫“小普洱”，喂奶时朴素天真。她去天福茶学院专门学了茶，二〇一三年成为中国最年轻的评茶技师和茶艺技师。一年中有半年时间，她行走在西双版纳的原始森林里，去寻找那些古树茶。“我常常和那些树说话，比人更诚恳。”——受过伤的果树会结出更甜蜜的果实，被砍过的香蕉林会结出更多的香蕉，而人心饱经挫折则更贪恋人世间的美与好，格外的珍惜与珍重——她的眼神里，有凝重。

第三次去还是喝霸气厚重的老茶。茶汤饱满浓亮。茶到中年，人到中年，岁月绵长中知道了刚柔相济和沉着练达，我们说着茶事，只觉相遇恨晚。其实不晚，应该遇见的终会遇见。

二〇一四年春节前，夫妇二人叩门来访，我正写一篇关于普洱的文章，已经收了尾，他们恰好进得门来，说要为我做一款小禅茶，用古树茶的料，名字唤作“银碗盛雪”。我指给他们看自己正写的文章，觉得是天意。

春节过了我便去了西双版纳，延延说来看看茶山吧。她为我安排了新旧六大茶山。在一起的几天，去了新旧六大茶山、原始森林，我不知深浅，但在原始森林中有了恐惧。

一米宽的小径下便是万丈深渊，稍有差池便会葬身谷底。延延却走得轻快，说比这艰难的路也去过，又说有一次暴雨冲垮了道路，从摩托车上跳下来，和她的伙伴老柴拉着摩托车赶路。肩膀上勒出血迹，至今仍然有肩痛的毛病。夜宿傣族人家，雨夜敲开人家的门，又饿又冷又渴。

傣族人家里没有电，她和老柴就在黑夜里点起蜡烛，看锅里还有半锅冷饭，就拌着酱油吃掉，接了雨水在炭火上煮毛茶喝，睡到床板上听老鼠吱吱叫。那样的经历经常有。延延说起来不动声色，仿佛说着别人的故事。

太过用力太过张扬的东西，一定是虚张声势的。而内心的安宁才是真正的安宁，它更干净、更纯粹、更饱满，更接近那个叫灵魂的地方。

“做头春茶时，每天去原始森林，摊凉后连夜把茶背出来，再连夜炒，至凌晨三四点才能睡两三个小时，然后起床再去，因为路太陡峭险峻，每年都有人从山崖上掉下去摔死，于是上了几百万的保险……”

原始森林，入诗入画，但每一步都关生死。延延用命来做茶。但她却是视死如归的平淡——吃得苦，耐得烦，不怕死，霸得蛮。延延，好一款霸蛮茶。一板一眼、九曲回肠，蓬牖茅椽、绳床瓦灶，她自己修成了花不沾身。

《维摩诘经》中，文殊菩萨向维摩诘问疾，天女们于斗室散花，彼时大菩萨们味不沾身花不沾味，非关禅，非关道。茶给予她的灵气，已经是一份厚道和阔绰。

十年之内，她必能成为那个独一无二的茶人——她的韧性是我所见过的女孩子里弹性最大的，她的大戏刚刚开锣，敲了锣鼓点，好戏刚开场。慢慢喝，好茶，喝一辈子呢，老茶，更得经得起时间的磨砺，那穿云夺月之喜才会慢慢洇出来。那禅才是一枝花，才是一片冰心在玉壶呢。

刮风寨，我们喝了二〇一五年春天的头一泡茶。简陋的小屋，拉了电线的插头，破木桌。延延叉开腿沏茶，一脸灰尘，满脸喜悦。一杯头春茶泡好，条索肥硕霸气，茶汤黏稠，三泡皆如米汤，一口下去，甜度极高。

她沏茶的样子，绝非冬天时穿了茶服的雅致飘逸，却自有一份拙朴淡然。茶本随心随性随喜，过度讲究形式、器皿、仪式，已远离茶的本味。茶便是延延在陋室一坐，叉开腿，满目风尘沏了这一泡头春茶。这便是禅茶，真正的禅茶。

那一刻，我起了敬重，觉得她小小年纪便通了道，等到四十就了不得了，但心里又高兴，真正的知己没有年龄没有性别，饱经了挫折伤害依旧天真的人才更可贵。

我们在原始森林中对着月光盟誓，要把“银碗盛雪”做一辈子，成为普洱茶中的经典和传说……

我时常提及某位大师，也做普洱。

延延淡然一笑：“雪老师，我们会超过他的……”

她笑起来有一种朴素的明媚，但沉静起来又静影沉璧。但最打动我的还是那一个刹那。

我们坐在去易武的皮卡车上，她忽然说起往事，忆起自身不易……我一直听着，没有插话。最后我告诉她《锁麟囊》中薛湘灵唱的那句：“她叫我收余恨、免娇嗔、且自新、改性情，休恋逝水，早悟兰因……”她眼睛湿润，红了眼圈看着我。我坚定地说：“延延，我永远在这儿。”

在西双版纳过的元宵节，她的公婆接我去家里吃饺子。

她的丈夫转了半个西双版纳才买到擀面杖。

饺子是猪肉茴香和猪肉白菜馅儿的。

两位老人包着，延延与我说着家常。她说家常的时候更朴素动人，又几次红了眼圈。

我当下觉得这个女孩真是可交之人——如今还有几人说到动情处会落泪呢？那个刹那，才是明心见性，才是青山绿水。她洗尽铅华，她见了真味，她更知人生的茶杯里乾坤更大。

就像那位老茶人夸她：“一年能坚持下来没什么，她能坚持七八年，年年来。去年还抱着刚出生不久的‘小普洱’……”听得人心里一疼一疼的，这个女孩子用命来做自己的事业，而且用干净和朴素，直击人心。

和静清寂。

这是禅茶一味了。

延延抱着她十四个月大的儿子“小普洱”，站在千年古树茶下。她用生命在做茶。她知道，茶能接引天地，能引领精神走向清幽、质朴、高贵、简逸。

就像我们盼望老去，这款叫作“银碗盛雪”的茶也老了。

我和延延就着心中的一段春风，品着老茶，读着我曾经的文章，说啊说。延延说自少年时便是我的读者，她要读我到老。那么，一起老吧，人书俱老，人茶俱老。

那个西双版纳原始森林中的月亮作证，我偷偷说过一句话，延延没有听到，我曾经对月光说：花开见佛，美成在久。延延，好好做你的茶，笑为茶开，茶因笑发。无论什么时候，素心花对素心人都是最美的。我在这里呢，而且一直在。

铅华洗尽，必见真淳。延延便是那棵野生的老茶树，她站在那里，自成风景，无所从来，无所从去，无生无灭，用一身茶气修得了今生来世。又像一个风雪夜归人，沏了一杯老茶，在一个叫“百年蘭草堂”的地方等我们。一等，就是百年、千年。

这个女子叫时延延。

落落与君好

*
*

“落落与君好”，这是金农写给老友汪士慎的一句诗，那天下雪，我翻金农画册时无意翻到，觉得写给大姐无比合适。

我并无姐妹。看到别人姐妹间亲密无间也并不嫉妒。独行惯了，倒也觉得是另一番天地——我对儿女情长总有节制，心思大多放在艺术上了。

我第一次见大姐是通过 T。

T 是她的女儿，来戏曲学院听我的课，从秦皇岛坐一夜的火车来，第二天再来。我亦没有想到与 T 愈走愈近，带她去很多大学做讲座、游历，去逛城市中的地摊、胡同、古玩城、菜市场……两个人这样玩了三年，她日后去教书，在乡镇中学教音乐，有一日说翻看旧日照片，忽然悲伤：苏州、杭州、上海、南通、滁州……这些地方我真的去过吗？三年下来，亦是学生亦是朋友。我与她母亲通过几次电话，那一边总是紧张，不知所云，我正好有去山西出差机会，决定去看 T 的母亲。

我记得那是初冬，街上好多卖柿子的。人们穿了棉衣站在墙根儿底下。初冬的阳泉冷风萧瑟，我推开 T 家的门，看到两张笑脸——一张是 T 的母亲，一张是 T 的姑姑。

几十平方米的房子，逼仄狭窄的空间，几乎没有客厅，吃饭的圆桌放到卧室里，我走进卧室的刹那呆住了——床边放了一张圆桌，桌子上有一大桌子菜！至少十几个菜。大姐局促地站在我身边：也不知道雪老师爱吃个啥，又不会做饭，叫来大姑姐帮忙……

她爹着两只手，手上全是面粉，做了一大桌子菜，还在给我包饺子。大姐只到我肩膀，小小的个子，仰起头对我笑，一脸的善良和敦厚。就在那一个瞬间，我决定一件事情：把大姐带走，让她过上好日子。

那天晚上我胃又疼。她灌了暖水袋给我，暖水袋没有套，太烫。她又在缝纫机上为我缝暖水袋套子……我自幼未得过太多疼爱，父亲一心钻研天文、地理、无线电，母亲性格粗犷如男人，脾气暴躁，我记忆中从未有这样的一幕，当下心头热得紧，只觉得几平方米的小屋里全是日月光辉，从此终于有人疼了。以后验证，果然如此。

大姐终于跟我出来。坚持要去工作，她说我经常出差，一个人闲着也难受，因为快五十岁了，找工作不易。大姐去政府机关做保洁，高兴得紧。每月挣一千五百元，在阳泉挣不到。后来又涨了一百元，挣到一千六百元，她高兴得非要请客，我们俩吃了“杨国福麻辣烫”，每人花了二十元。

大姐脾气好，手巧心善。吃得亏，让得人，一说话就先笑了，每次我回来，总是和我聊天，先问：“雪老师你嫌烦不？”我哪里嫌烦，只爱听她絮叨地说，也没个章法，大抵是寻常生活柴米油盐。她兄弟姐妹六个，父母常常视她不在，众人皆去出游玩耍，她要看家守门，把家里水缸挑满水、拾煤劈柴、做饭。

她从小便忍辱负重，但从不抱怨，只埋怨自己个子小，又生得不好看不讨喜，说起往事也是笑得喜气洋洋，仿佛不关己事。她就是这样宽厚得让人心疼。

她又说起公婆。她总把第一碗饭递给他们，公婆说媳妇比儿子还强。她听了心里高兴。她在灯下做十字绣，一针一线绣着，一言一语说着，没有悲伤，不动声色，像小津安二郎的长镜头，明明心里哀伤满怀，镜头里却是风和日丽樱花在落啊落。

大姐给我缝扣子补花朵。从“孔雀窝”买来的长袍子，明亮的宝蓝，她剪了老被面的牡丹花和缠枝莲，一针一线给我缝在蓝袍子上，整整缝了两天。没事的时候，做鞋垫，鞋垫上蝴蝶飞舞，我都舍不得穿。

我与那机关里做事的同学说起大姐，他们说：“是你亲戚？”我说：“是我表姐。”让他们多照应她。大姐人缘好，所有人全喜欢她。她干活儿不惜力，更不偷懒，没几日就调到最重要的保洁岗位——她给我看手上的茧子，我心疼，让她别做了，反正T也上班了，大姐说得为T多挣些钱，还要买房子呢。

她把人家扔的花盆捡回家，问我：“雪老师，好看不？”我说好看。家中有好多花盆都是机关里扔出来后她捡回来的。种上铜钱草，长得水绿绿的，旺得很。家里还有《燕赵都市报》。只要有我的文章，她都会给我收藏着，《裴艳玲传》连载的时候，她嘱咐远在石家庄的大姐每天下楼买报纸，整整买了半年多……

最近的一次回家，她拿出一摞报纸，上面全是裴艳玲来廊坊、霸州、固安演出《赵佗》的消息。“万一你用得着呢？”除了大姐，世上再无第二个人如此细心……

每日想念我，她会去擦我的照片，然后自言自语：“雪老师，你啥时候回来呀？”她问我这样傻不傻？我说：“不傻，想我就打电话。”她说：“可不敢，你这样忙，不能打扰你呀。”

每次回家，大姐都包饺子给我吃。大姐包的饺子全天下第一。小小的，中间捏一下，左一下、右一下，三下一个小饺子。每个饺子都生动极了，又乖巧又灵动，下到锅里像一群小鸽子。吃完大姐包的饺子，每个饭店的饺子都那么一般了，我出差久了便思念大姐和大姐的饺子。

有一次去台湾，看到街边写着“大姐水饺”心里一热，发了个短信给大姐：大姐，我想你。

夏天的时候，每天晚上去长堤散步。大姐紧紧挽着我的手，特别小鸟依人。我腿长走得快，每次尽量放慢脚步。我唱戏给大姐听，大姐夸我唱得好。那样的黄昏真迷人，植物散发出茂密的香气，河水泛滥着夏天的浓情。我和大姐走啊走，走到天上星星都出来了。那一刻，我以为就是永远。

有一次散步，她说等T结婚了有了孩子，她帮忙把孩子看大就回山西去。我以为听错了，问她，她说：“老了还是要回山西的，要埋在山西……”

我当时愣住了，站在她面前，心里恸得不行，泪水在黑夜中滂沱，好像心里一个最重要的事情渐行渐远渐无声了。她见我哭了，慌了手脚给我擦眼泪，我自言自语："大姐，你走了，谁疼我呢？"

T后来告诉我，有一次大姐病了，出了满身湿疹，去医院看了，大夫开了药，大姐一看二百多，没舍得拿……但有一次，我感冒，大姐下楼去药店买了最贵的药给我。我爱喝酸奶，有一次回去，看到桌上摆了一排，她从山西带来牛肉，不许T吃，给我留着，但凡手里有个珍贵的物件，便会给我留着……我过年过节给她买件衣服买双鞋，她逢人便讲："这是雪老师给我买的……"

有一次聊到生死。大姐眼里挂着泪水："雪老师，我要你一直这么幸福，我会死在你前面，我是知道的，到时候你莫要哭……"

一晃大姐来了快两年了，我却以为还是昨天。我并未让她过上锦衣玉食的日子，但大姐是惊天动地的满足，她说："雪老师，如果不是你，我哪有机会见那么多的人和事呢？我见了世面呀。"她穿着我送给她的黄棉袄，一脸笑意地看着我，那么喜悦那么满足。

"落落与君好，相怜老勿谖。此生同瓦砾，无累及儿孙。"

大姐今年五十岁了，没有一根白发，爱吃山西醋，会做好多山西面食，一说话爱抿嘴笑，单纯善良的人才会有孩子气。

她说："雪老师，我知道认识你好日子就来了。"

我在心里告诉大姐：大姐，好日子来了，就再也不会走了。

* *

坚强而柔韧地活着，是对付光阴最好的方式，无论卑贱，还是富贵，只要活着，可以听得到风自由地吹，看到内心的慈悲和泪水，孤寂地怒放，也是好的。

二喜

*

*

二喜是弟弟的朋友。三十七八岁，单身。用他的话说，自由职业者。

弟弟的朋友很多，三教九流，什么样的都有。特别是没钱的、吃不上饭的居多，有残疾的居多。弟弟把他们带回家吃饭，弟妹就赶紧做饭，无论谁来都一样。

二喜就是其中一个。

二喜矮、胖，眼睛小。说话时胜芳口音很重。胜芳人有钱的多，但二喜没钱。二喜连温饱都解决不了，小时候爹死了，娘带他嫁人。嫁过去没多久，那男人就打他骂他，嫌他吃嫌他喝，于是二喜小小年纪就跑出来自己讨生活。

二喜早年卖过泥娃娃，几块钱一个。没本钱，就我弟弟出，去白沟进货，能赚个吃喝。多一分钱都没有。有时候还吃不上饭，吃不上饭的时候，弟弟就带他回家。

二喜吃得多。不是一般的多，顶四五个人的饭量。馒头总是十多个。对菜的要求不高，够咸就行。弟妹每次看到二喜进门，如果是烙饼马上就再和一大块面，如果是炒菜就再多炒一盆……很多人不相信二喜能吃那么多，于是带他吃自助餐，把每位四十八块钱的烤肉店吃得想关门，看到二喜就害怕。

我问弟弟，二喜到底能吃多少。弟弟说："这么说吧，十多个人吃的饭放他身上不是问题。"有一回，一个人请我弟弟吃饭，我弟弟带二喜去了。结果那个人震惊了，说这个人太能吃，大胃王呀，是不是有毛病呀？

弟弟带二喜去医院检查，二喜说："费那个钱干什么？我就是小时候饿怕了，看到吃的就觉得亲，就觉得吃到肚子里才安全。"

我第一次见到二喜是在弟弟家，弟弟说，姐，这是二喜。

我吓了一跳。

因为我想象中二喜应该特别潦倒落魄，但他不是。除了矮胖之外，二喜穿得很洁净，登喜路的衣服，LV 的皮带、GUCCI 的包……当然全是假的，白沟产的。弟弟说，现在二喜的生意是卖钱包，全是国际品牌：GUCCI、LV、爱马仕……听着怪吓人的，其实连高仿都不是，全是极便宜的地摊货。

如果不提二喜吃不上饭的窘迫，他的长相气质倒也像个有钱的人。所以，当他去提货时，一个东北女人搭讪了上来，主动和他亲热。二喜不是没有过女人，之前一个张家口的女人跟过他，后来养不起跑了。二喜不怪人家，他说："我不能让人家吃不上饭。"

二喜经常连温饱都成问题，房无一间。

他住店，专挑一夜五块钱的那种，最廉价的民房，有一小间是他的。比狗窝强不了多少，只有一张床，冬天的时候窗是漏风的。二喜说：“没事的，习惯了就好，不爱感冒。”

那东北女人并不知道真相是这样，还以为二喜是有钱人，说自己上次订婚，人家给了她五万。二喜就说：“她都四十了还要五万！现在大闺女订婚才两万……”但他到底带她回来了。

那时二喜手里有几千块钱，冬天的生意好，假包卖得快。他把钱全花在这个东北女人身上了，还带她逛了北京和天津，两个人穿得都光鲜亮丽的。

后来那女人到底知道二喜是没钱的，没过几天也走了。二喜一副宠辱不惊的样子：“人这一辈子，和谁在一起多长时间是缘分。这就挺好，你别以为那些夫妻多恩爱，很多人是装的……”

二喜仍然卖他的包，推着小车，小车上摆着那些 GUCCI、爱马仕、登喜路……有时候他会蹲着吃一碗凉皮，有时候会买个菜就米饭。多数时候，他卷一张饼吆喝着：“LV 便宜了，五十块一个！爱马仕更便宜，四十块……高档高贵便宜，世界名品，国际一流。”

有一次我去明珠百货，听到有人叫我：“姐，姐。”

我一回头，看到了二喜。

他张着嘴笑着，极灿烂，手里举着一个 LV 的大钱包：“姐，今年的新款，拿去用。”我接过钱包，非要给钱。他说：“笑话兄弟呢！”

弟弟说：“别看二喜没钱，可是特别仗义，不拿钱当回事。”他虽然卖假名牌，可是给弟弟买的衣服全是真牌子。二喜逢年过节就给弟弟买两件 T 恤，七匹狼，专卖店买的。他说：“不能让我哥穿假牌子。”弟弟说：“人心换人心，这世上有些人的心坏了，可二喜的心是热的、烫的。”

父亲住院，二喜值夜班，掏了五百块钱给弟弟，他说：“是我的心意。”我不让弟弟收，弟弟说：“你要是不收，二喜觉得你看不起他，他要面子。”那天晚上我和二喜聊天，他一直笑着说：“能遇到我们一家人多好呀，他是个福将。”

我们谁也没有说将来。将来是缥缈的事情，现在就已经很好了。二喜说：“还有很多不如我的人呢，我还给他们买饭吃呢。我觉得我过得很幸福，最起码，我有朋友，有很多人帮我。”

二喜说：“姐，你是作家，你说说，人生的意义是什么？”

他这句话极重，我愣了愣说：“不知道。”

那天夜很深了，父亲睡去了。二喜站在窗前，背影很孤独，他说：“姐，我想有个家，有个疼我的媳妇……我还想我娘，我娘死得早。我还想有个孩子，最好是个女孩，等我老了，她会疼我的。”

我说：“二喜，会有的，一定会的。”

我知道我在安慰二喜。

二喜肩膀抖动着，哭了。

我没有去安慰他。

我知道，有的时候，安慰是多余的。快乐的二喜，喜欢食物的二喜，穿得干净的二喜，也爱帮助人的二喜，是需要一些泪水的，那些泪水可以安慰一颗孤独的心。

那天晚上，二喜吃了一盆饺子，我也吃了很多，我们说：“猪肉大葱的饺子可真香。”

*

*

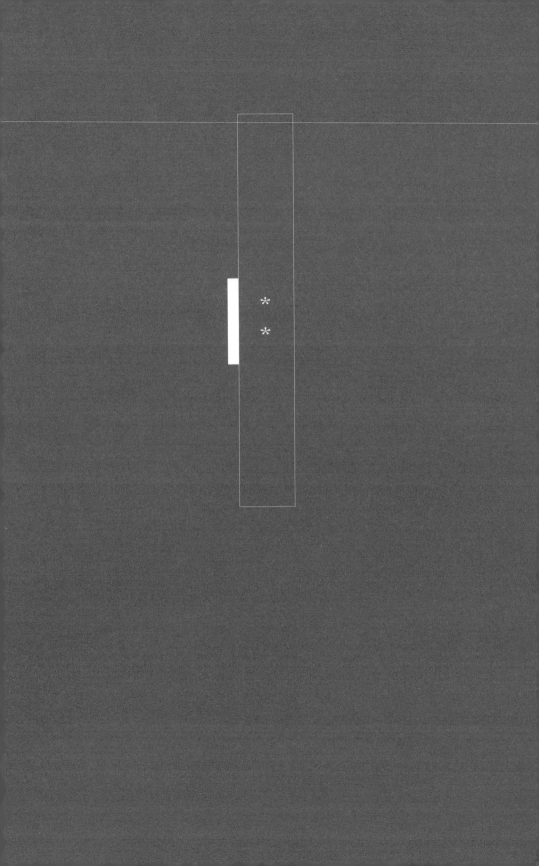

少年游 * 多情人不老

在年轻时，心里是住着一头兽的。这头小兽，不知何时会疯掉，为青春，或为爱情。他们身体里一直有一根透明的、蓝色的骨头，招引它们一直向前、向前，那根始终都在的骨头，唤作『情怀』。

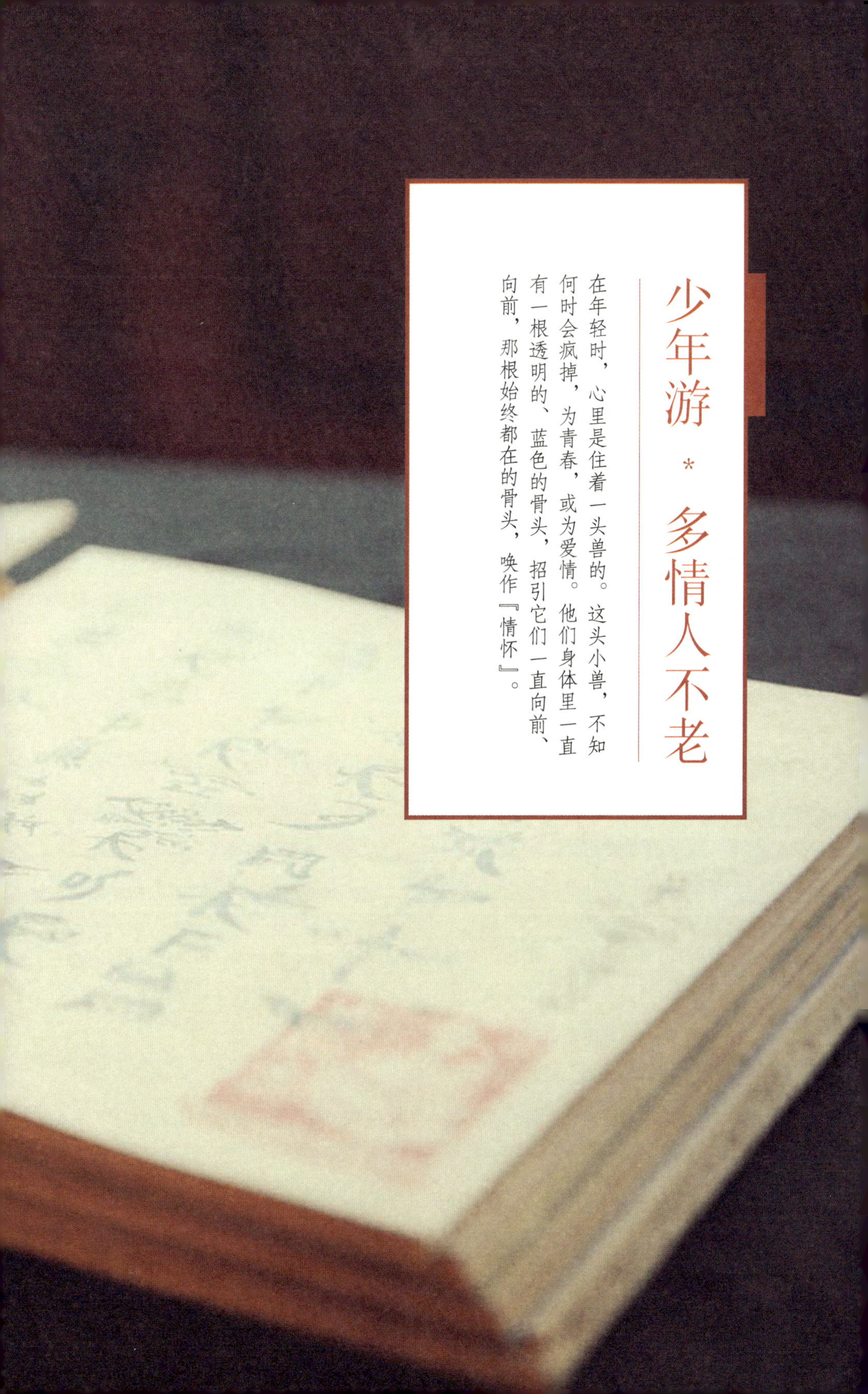

底气

*

*

八岁之前，我一直在农村。

那并不是我的选择，那是母亲替我做的选择。生下我不久，母亲再度怀孕，我与弟弟只差一岁。不得已，母亲将我送到乡下外婆家，外婆那年不到五十岁，母亲在城里带着弟弟，我被扔到了乡下。

有记忆开始，便是广阔天地。

北方的农村都壮阔，河北尤其是。华北平原一望无际的麦田、玉米地，谷子、棉花、黄豆、芝麻，还有茄子、西红柿、黄瓜、豆角、南瓜……北方所有农作物我都如数家珍，可那时我多厌恶它们。

弟弟每回来都穿着新皮鞋，而我永远穿着外婆自己做的布鞋，油灯下，她一针一线纳鞋底儿，窗外不远便是麦田，呼呼的风吹进来麦香。院子里的鸡和鹅全睡了，猪圈里的猪也睡了。我央求外婆给我讲故事，她的故事那么少，乏善可陈。只会讲从前有座庙，庙里有个和尚……

但村子中果真有小土庙。常有人去上香，也有果品。外婆总是拿了盘子中的贡品给我吃。“小孩子家，馋。”她这样解释。哪里能洗呢？只是在衣服上蹭蹭。“没干没净，吃了没病。”外婆总这样说。

她那时还要去地里干活，总要带上我。

玉米地里有清香，外婆剥了新玉米给我吃，有米白色鲜嫩的汁液，玉米秆是清甜的，一个人坐在地里吃呀吃。玉米地里可以随处大小便，并无厕所的概念。

村子里有唯一的公厕，里面爬满了蛆和苍蝇。人进去的时候“嗡”的一下，我习惯了那种轰轰烈烈的脏。多年后与乔叶聊天，她亦有农村生活经历，她说，那是我们的底气与宝藏。不言自明。那污秽肮脏的厕所，那一望无际的庄稼，哺乳的女人毫无遮拦地给孩子喂奶，那乡村里的野气……

一个人一段乡村记忆，是这样敦厚、诚恳，甚至那些脏乱差，都成了日后的丰沛与温度，格局与气象。这一切，天注定。

酷暑的下午，翻看毕飞宇的《苏北少年“堂吉诃德”》，几度心酸，苏北少年与华北少年同样孤独，要盼望过年穿新衣、吃肉，要盼望周末、母亲带来奶粉和红糖……物质的匮乏总是刻骨铭心。

外婆背了玉米去碾子上碾。我跟在后面，只说再不喝玉米面粥与山药蛋粥，也不吃她蒸的窝头，贴的饼子。她便笑：“那给丫头烙烧饼吃。”她便和极少的白面，少得可怜，顶多一个馒头的大小，我几乎看不出她要干什么。

她把那块面揪成饺子皮那样大，然后一个个擀圆，再撒上芝麻。那些芝麻真像会跳舞，我仿佛看到了它们与面终于颠沛到了一起。极薄的一张，然后放进烧热的锅里，然后一定要用花秸来烧火。麦收过后，被碾压过的麦秆被称为花秸，这是多么美好的名字。

麦收过后，村子外面有无数的花秸垛。在更远的北方，就叫麦秸垛。铁凝小说三大垛中便有一篇《麦秸垛》。每一个在乡村生活过的人都是幸福的，在漫长的人生中，那是丰沛厚实的滋养。

那些花秸的火苗是轻的，烙饼和糊饼最好。不糊。劈柴用来炖肉，火硬。外婆用那些花秸烧火，烧出了又薄又脆的圆饼喂养了我。我在外婆的背上走东家串西家，听张家长李家短，看他们养的猫狗鸡鸭……有一次还被狗咬了，流了很多血，腿上现在还有疤。那时候不打狂犬疫苗，咬了也就咬了。外婆再也不去那个人家，并且还让对方带着上了药。

乡村的天空是低的。特别是秋天，仿佛云伸手可捉。秋天的棉花地里，外婆背了袋子去捡棉花。白白的棉花一朵朵扔进袋子里，拾满了，便倒在路边的棉花垛上。我躺在棉花垛上看云，盼望母亲快点接我回城里，我要穿红布鞋，梳小辫儿，吃冰棍。

我不知那时的光景是奢侈的，只觉得一天天过得好无聊。每天去地里看鹅，运气好时能抢个鹅蛋。有时和邻居的铁蛋、二丫玩，玩一会儿便打了起来，各不相让。

我盼着说书人快来。麦收或秋收过后，村里便来说书人，说《三侠五义》《西厢记》……我坐在板凳上听着听着就睡着了，月亮爬上来，露水湿了衣裳，外婆抱我回家。醒了说书人不见了，我便怅怅然。忆起他穿的长衫和他的声调，怪迷人的，盼着长大与说书人游走江湖。这样的想法会让我兴奋很久。

隔壁的书枝喜欢我，她二十多岁，常带我去玩，每次都去见一个三十多岁的男人，我回来便告诉外婆，外婆就不让我再去了。过几天，书枝投了井，捞上来身体直挺挺的。我第一次见到死人，亦不怕，只觉得书枝的衣裳还那么好看。书枝的母亲不哭，感觉丢死人了，丢死人了。

我后来才知道书枝与已婚的柳先生有私情并且有了身孕。那柳先生是乡村的老师，语文、数学都教，白面书生。我也喜欢柳先生，白白净净的，手上总有粉笔末，好闻。

书枝死的那天，我没哭。大概是吓的，但后来开始发烧。外婆说我吓着了，便到邻村找老王婆给我招魂儿。据说老王婆招魂有术，比大夫管用。

老王婆快八十岁了，满脸皱纹。身上有跳蚤，头发里散发出桂花油的油腻味。我疑心她至少一年没有洗头发了。我每十天洗一次，外婆用花秸烧了水，给我烫头发，水很热，我尖叫、反抗。外婆不管，她说这样不长虱子。长大后，听到和我同龄的女人说："我一天不洗澡都受不了。"我从来沉默。在乡村，十天能洗一次澡都是奢侈的。

老王婆把手放在我的额头上，然后口中念念有词，大概意思是把我的魂招回来。我昏昏沉沉。叫了魂之后，去乡村小卖部买一袋动物饼干，七毛钱一斤。

外婆舍不得，转脸便说："回来必须和你妈要钱。"母亲那时在灯泡厂上班，一个月挣几十块钱。我便说："我妈没钱。"我总和外婆吵架——现在，没有这样的机会了。外婆去世多年，她没有花上我挣的钱就走了。

那时我的梦想是开一间像老张家那样的小卖部。小卖部在大队的一间小破屋里，里面有花生米、糖果、纸片……如今看起来廉价而不卫生。但很多年前，那是一个孩子的天堂。长大以后，我依然对小卖部无限喜欢，对花生米抱有过分的热情——我的饮食结构保持着童年的习惯：喝粥，吃咸菜、炖肉、花生米，搭配几个小菜。

有几年我甚是洋气，喝咖啡，吃西餐。我在杭州西湖边、上海外滩，要一杯上百块的咖啡，穿着几千块钱一件的衣服，身上每件东西都有或大或小的牌子。那几年我虚荣极了，并且摆出小资的姿态，无论是文字还是人。自八岁之后我离开乡村进入城市，并且定居在城市。多数时候我每天穿行于国内的一线城市，那些洋气无师自通。没有人看出我在乡下待过八年。我也试图表明：我是地道的城里人。但不是。

我与别的女子去西藏旅行，她们对酥油茶大呼小叫，对一年不洗澡的藏民不理解，抱怨住的旅馆不提供二十四小时热水。我倒头便睡，并在旅途中渴了就喝山涧的水。那八年对于我的心理装备足够了。

中年以后，我选择棉、麻，不过百十块钱的衣裳，我记得小时候躺过的棉花垛，记得棉花的温暖。从此以后，我自己腌咸菜，与外婆一样卷起袖子干活，蒸一锅纯碱的馒头，炖一锅红烧肉，定期去乡下走走。

这么多年，我依然喜欢乡下的味道。尽管失掉了从前的朴素、淡然，但仍旧比城市好很多。

那些村里的老人还能认得出我，他们叫着我的乳名，说庄稼越来越少了，这里成了开发区，很多年轻人去住楼房，外婆家的坟地怕是也要挪了。铁凝、陈丹青、乔叶、毕飞宇……我忽然想起他们的农村生活经验，只不过那时他们是更能记忆细节的少年，我还是童年。然而，已经很好了，这是老天爷的筛造，这样的生活经验可以是一辈子的生活底气——有了这样的底气，多么的自足——不是每个人都有这样的幸运，可以丰满地过一生。

* *

一个女子活得有张力而且是她自己，如果再能把光芒和温暖照耀到别人就是幸福的。她能把时光淬火，炼出自己的精神强度。

手艺人

*

*

越来越感觉自己就是一个手艺人。

只是匠气不重。

写文字的人，其实内心非常泛滥，但表面上一定清凉冷冽。

我们的手艺在心里。

小时候最爱去看弹棉花。外婆拿着自己的旧棉絮去弹棉花。听，“弹棉花”三个字就这样美。到邻居老张家，老张穿灰扑扑的衣服，一身的棉絮，连脸上都是，睫毛上也是。满屋的蜘蛛上也挂了棉花丝，整个屋白花花的，什么都看不清。在我童年的心里，倒像一个童话。

我那时的梦想，不过是要跟着老张弹棉花。

那个纺车响时有远古的味道，一声声慢而迟钝。我后来也去石家庄的棉纺厂看过几千台机器一起轰鸣。不，我一点也不喜欢。我喜欢那间弹棉花的屋子，一个人和那木头的纺车，来来回回地响着，再有一个长长的扑打棍子，打在棉花上，扑哧扑哧，我简直迷恋到要死。

那时起，我就羡慕手艺人。

还有补碗的手艺人。

这一行的手艺人现在几乎看不到了。十岁以前我一直住在乡下，每天来的手艺人让我非常有盼头。谁家的碗碎掉了，不会扔，一定要等补碗的手艺人来把它补起来。

一个粗瓷碗值得了多少钱呢？他却细致地补着——我一直难以忘记他的长相，个子极矮，黑而且瘦，背微驼。补碗时会唱着小曲儿，异常的动人。我看着他，他偶尔抬起头跟我说："跟我学补碗吧，长大了，有饭吃。"我答应得很快，因为觉得弹棉花和补碗这两件事都好，带着很奇妙的东西。

他补的碗真好，把碎的碗对齐，然后用铁丁把两边铆住，裂缝要用七八个这样的铆子，真像做完了开膛破肚的碗，留下一串疤痕。后来看到剖腹产的女子，肚子上爬着一条蜈蚣一样的疤痕，想起他补的碗，就是这样的。

可惜后来没有人再把碗拿去补了，碎了就是碎了。补碗的手艺人早就死了吧，当然，这个手艺早就失传了，谁还会去补碗呢？我们早就用纸和塑料这些替代品了，永远不会碎，永远不用补，完美到近乎可恶。

还有那些做秤的、制陶的，还有那些老油房、剃头人，还有吹糖人的、拉大片的……那些手艺人去了哪里呢？匠人本身有一种无比的宁静在心里。我认识苏绣传人张蕾，一张绣品要绣几年，一针一线全是静气，一针也不能错，那样绣出的耶稣如真神降临。

写字亦是弹棉花吧。

我把那些散落在浩淼烟海中的文字用一根细亮的珠线穿起来，它们有时黯淡无光，有时又闪亮着岁月的光芒。而我的飞扬跋扈终于安静下来，是谁说过："当走过的路越多，对这个世界就越谦逊。"

喜欢一个写字的女子，名叫朱天文。她是更好的手艺人，不用电脑，不接电话，也不受访，极少与朋友见面，就是写啊写啊写啊，"像个好的手艺人"。她说，准备写三十年，写到七十岁，能写完父亲留下的稿纸——他父亲朱西宁自印自裁的稿纸，一页可以写五百个字。

我不知道可以写到多久。我没有父亲给我留下的稿纸，我只有一台寂寞的电脑，在打开它时，放一段昆曲，然后那些文字会寻我而来，让我编排它们，让它们在我的手指上跳舞。

我喜欢它们跳得精美的样子。

朱天文提到张爱玲，说她用她高超的文字技艺滑翔着，飞过去，飞的姿势还那么好看，因为她的技艺太好了。

我知道我没有那么好的技术飞翔，但是我是个手艺人，认真的手艺人。我懂得退让，懂得有一点点应该有的天真、幼稚，有一些不谙世事的纯粹，亦有一些洞察细节的苍茫眼光……

很庆幸，我成为了一个敏感、脆弱，喜欢一些小小伤感与惆怅的文字手艺人，可以发现片断之凋之美，可以在华丽与堕落中不断自省与沉溺，在与时间的抗衡中找到支点。

在许多年的梦中，我一直梦到弹棉花，我仿佛还是那个六七岁的少年，站在棉花坊，看到那弹棉花的棍子打下去，白白的棉絮飞起来，像雪花一样，而弹棉花的人带着满足站在一边……

于一个写字的人来说，所有的所有全会成为过往，唯有文字魅力永存。

一个人行走在黑夜里，常常想起王小波写过的一句诗："走在寂静里，走在天上。"多美呀，走在寂静里，走在天上，那是一种文字手艺上的大美吧。一个人，行者无疆。

而我愿意像那个弹棉花的人，把手艺当成享受，一针一线地绣着这张叫作"人生"的底子，不嫌它质地或许粗糙，我把那些文字绣上去的时候，可以看到里面开出一朵花来，颓灿、满足，而且带着追忆往昔的淡淡心酸。

孤独俨然

*

*

孤独的气息是可以闻得到的。真的——即使隔得再远，它就如同绿妖缠身，扑面就来了，哪怕在人群中都没有用。这东西说来就来，刹那之间就可以席卷很多物质——那些貌似强大的快乐，那些繁花似锦，那些不小心的破绽……

一个人的心里山山水水越多，越容易对一草一木动情，也越无情——奇崛的个性总会有自己也参不透的刹那。

“听雪庐”三个字是我喜欢的，老祖寺的印禅法师为我写了这三个字。行书。很散淡，不刻意。不刻意的书法作品是很少的，大多数都着了功利的痕迹——一个出家人应该断了许多念头了，所以，字也就懒散，一懒散，孤独的气味就有了。

人到最后，都会和自己的内心有一场交付——或早或晚。我来得早了些，早早洞悉了人世悲欢……有时候字可是俗世中一个混沌的人，可是明白了，是回不去的。命里注定，有一根弦被系在光阴的此岸，要用文字渡它到彼岸。

这些文字是用钢笔写的。那种写硬笔书法的笔，是一个叫小慧的女子从阳泉为我买来的。

"姐，你知道阳泉吗？"她拉了十二年的二胡，知道我唱程派，特地学了《锁麟囊》中的《春秋亭》给我拉，我们第一次配合是中央电视台来家里录我，她拉琴，我唱戏……那天雾极大，我们去阳台上唱"何处悲声破寂寥……"

她知道我不再用电脑后给了我两支钢笔。第一支是她用过的，我们还去超市买了英雄的黑色钢笔水，四块钱；第二支是写硬笔书法用的，是她从阳泉买给我的。她同时带来的还有两个紫砂锅、阳泉小米，山西醋……她的个子那么小，是怎么拿来的呢？现在想起，心里忽然有些难过。特别是一个人的时候，最想念的人是给你温暖的人。

后来我就用小慧给我的钢笔写字了，写得很踏实。笔和纸仿佛有了肌肤之亲似的，像久违的亲人，或者如胶似漆的恋人，让我想起十六七岁时，一个人在稿纸上写啊写，弄得手上有很多墨水……这么多年忽地就过来了。真快。

上午和 M 在烈日下走着，才五月天就热成这样了。她抱着孩子，用 MP4 大声放着一些流行歌曲，她说我脸色太差，从长沙回来后就赶去沈阳签售。人前总是光芒夺目，人后却是黯淡的。

“你看法桐叶都这么大了……得齐齐心了……人不经老的……”

我们吃了烧饼夹夹、老豆腐，一直在烈日下走啊走……十多年了，她依然如少年，我依然如年少，那些骨子里的东西永远不会改变，到死也变不了。

有一些人的品质是古琴，是萧，是中国山水画的留白，在心头即是在天涯，寂寂之花永远怒放。

M是，我也是。

我们去娘家吃了羊杂、烙饼、茴香馅的包子……母亲种的茴香长了出来，茂盛极了。上个大集，她和母亲买来的。

我和M散淡地说着话，孩子睡着了，母亲忙前忙后，父亲给我刻录湖南大学讲座的光盘。有人说《平复帖》上有讽讽蚕食的声音，但我分明看到挺多时光扑杀过来，凛凛的。

有时候，时光中的俨然孤独是可以怒放的。

少年游

*

*

十三岁那年，家乡的城墙还没有拆。

我每天骑着一辆破自行车去城墙上玩，城墙破烂不堪，有很多野草在风中飘荡。我十三岁，不懂得何谓闲寂之寞，一明一灭一尺间，只觉得一个人乱逛是那么好，城墙下面有很多类似窑洞的洞，传说总有“偷情”的男女被逮到。

我对那些洞充满了好奇。

有一次从家里拿了手电筒进了洞里。我自小便胆子大，不知害怕。有一次与外婆走进坟地，半夜仿佛有鬼狐，外婆吓得乱跑，我仍然镇定。这种镇定仿佛天生，即使现在依然如此。

但那天一无收获。我盼望洞内有妖有魔，至少有偷情的男女也好。可惜什么也没有，只有随地的大小便。不小心踩到，腻歪得很。

家里亦不当我是女孩子。那时父亲在无线电厂，母亲在灯泡厂。弟弟倒是女孩性情，家里养了鸡，他记得每天把鸡找回家，把鸡下的蛋放在抽屉里。他面目清秀，小我一岁，极得母亲宠爱。

穿过一条胡同就到橡胶厂了。橡胶厂有许多大丽花，开得艳极了，我掐了大丽花便去爬橡胶厂的水塔。一阶阶的梯子，好像有天梯那么高。底下是花花的流水，狭窄的井内只有我一个人在爬啊爬。

后来也有人爬，爬到中间摔下来摔死了。

每次我都顺利爬到顶部，然后坐在高高的水塔上吹口琴。这是我一个人的天空，一个人的秘密。

暮色四合。

风真大啊，口琴声传了很远。我不知道什么叫作孤独，却从小不合群，亦不爱穿花裙子。那时刚流行牛仔裤，就永远穿着那条牛仔裤，在小城的水塔上，耷拉着两条瘦腿，吹刚学会的《甜蜜蜜》。

成绩差透了，几乎不学。班里有保定来的运动员插班，十五六岁，游泳、打乒乓球。特别是那些游泳的女孩子，个子好高啊，“那里”好大啊，每次看都会害羞。我又瘦又小又黑，自卑极了。

同桌娟儿，一米六九，白得像空气，但头发极黄。她说：“长期游泳训练闹的。”她晃动着两条长腿：“你会游泳吗？”

我摇头。她笑我："旱鸭子。游泳蛮好玩的，像鱼一样。"我跟在她身后，像陪衬。她真高啊——我只到她肩膀，她躲在墙角抽烟，风把烟头吹得闪亮闪亮的。

"要不要抽？"

我点头。她递给我，我抽了，咳起来，惊天动地。她鬼魅地一笑："你还没来例假吧？"我又点头，她打了个响指："你还是小屁孩。"我极不高兴这个叫法，狠狠地踩着她扔的烟头，直到把它碾得粉碎。

我带娟去爬水塔。她居然不敢，我得意极了，一个人爬上去，吹口琴。

春天，与娟去看山茶花。种花的老人在村子里。两个人骑自行车，要骑几个小时，娟上次去那村子偷过一次，这次带我偷。

正是晌午，院子里铺天盖地的花。芍药、迎春、茉莉、山茶花……园子里无人，我和娟掐了很多，像强盗一样地摘啊摘，少年的心那一刹多么邪恶。只想摧残，掐了个满怀满抱。

有人喊："小孩子不许掐花。"

我们疯了似的跑啊跑，跑丢了一只鞋。脚被野蕨扎破了，但空气中弥漫着一种罪恶却又诱惑的味道。春天、花、少年、麦浪……所有的气息融合在一起时，性感极了。这性感如此浩大，花真是蛊然，因为足以销魂，因为足以动人。

日本人正冈子规写下俳句：山茶花啊，落了一朵，落了两朵。

我们把花散落得到处都是。田埂上，空气里，大地上。车筐里没有几朵花。成堆成堆的少年记忆，也只能摘这么几朵。一人自打花野来，二人自打花野来……

娟和体育老师去看电影，带着我。

体育老师好帅，有洁白牙齿与乌黑头发，还有鹿一样的长腿，还有好听得不得了的普通话。

电影院里。黑暗中，我扭过头去，看到体育老师和娟的手缠在一起。黑夜中，我的脸红成一块布。黑夜中，我的心脏像风箱呼哒呼哒地跳。

那天，我一个人爬上城墙吹口琴，吹着吹着眼泪掉下来。那天晚上的星星真多啊，怎么数也数不清。

不久娟退学了，体育老师调走了，我再也没有见过娟。

过了些日子，我去文化馆听戏。

那时晚上总有一堆人在唱戏，有话剧、河北梆子、京剧《花为媒》《大登殿》《四郎探母》。每天晚上，我都站在角落里听他们唱，他们唱得真好听。我想学唱戏，想跟着戏班子到处走，但我只是想想而已。大多数时候，我在文化馆中的图书馆看小说。张承志、铁凝、王安忆。《北方的河》《哦，香雪》。

时光像凝固的豆腐，软软的。

院子里有两棵马缨花，老人们叫它们鬼树、精灵树，学名叫合欢树。院里有人弹吉他，门外有人唱戏。

这一年我十三岁。

在少年时，我便呈现出孤僻与特里独行，和男生打架实为平常。

有一个叫许兵的坏男生把死老鼠放进女生书桌里，所有女生都尖叫，包括十六岁的娟。我走进全是男生的教室，把死老鼠一只只从女生书桌里拿出来，然后放进许兵的书包里。窗外的女生看傻了眼，屋里的男生吹着口哨。我从来没有那么得意过，许兵走到我面前，忽然露出坏笑：“你真哥们儿。”

很多次同学聚会时，他们提起这一幕，我一笑了之。

彼时我已经长发飘飘，喜穿布、麻、棉的裙子，没人认为我是敢提死老鼠的女生，但我是。我知道我骨子里是怎样的人。娟不知道我后来长到了一米七二，并且成为了作家。许兵成为了我的好友，我们一起驾车去沙漠旅行。

还有电影院。十三岁时的电影院，两毛钱一张票。院子中有很多梧桐，那些桐花在四月间开得贱贱的。有一次，看到极美的一朵花落在雨水里，发了半天呆。逃课去看电影《幸福的黄手帕》《雷雨》……还有录像厅，香港激光影碟，不良少年、蚊子血、啤酒、暧昧的笑、方言、大卷发……永远的武打片，外面的音响震天动地。我迷恋《上海滩》中的周润发与赵雅芝，并且要找一个周润发这样的男人浪迹天涯，对外面世界的向往已至极限，快呀快呀，去流浪，晚了来不及了。

多年之后，仍然怀念录像厅那复杂的气息与味道。街上有拖拉机哒哒经过，偶尔还有马车、牛车。提着双卡录音机的时髦青年，戴着从广州买来的蛤蟆镜，操着不流利的粤语满街跑。盗版磁带满天飞。街上流行黄裙子。

庙会来了，壮观极了。南方的小商品嘣啦啦全过来了，那么多五颜六色的夸张样式。空气中充满了蠢蠢欲动，连橡胶厂看门人都知道邓丽君了。

街上有人跳迪斯科，舞曲叫《路灯下的小姑娘》。很多老人摇头、叹息，看不惯穿着包臀裤子的少年。

我骑着破自行车穿行于大街小巷，并且一手扶把，一手吹口琴。

我的成绩持续糟糕，无可救药。父母从不过问，自生自灭。弟弟依然老实听话。每天收拾家务，洗碗拖地喂鸡喂狗，等父母下班回来。我四处飘荡，游手好闲。

已经开始流行穿球鞋，假货到处都是。看到了一只红色、一只黑色的球鞋，唤作“匡威”，庙会上极显眼。只有三十五号、三十八号，“没有三十七号，三十七号的昨天卖了，你要昨天来就好了……”。才不要听到这样的话，问卖家哪里会有。他说你去天津看看吧。哦，天津。

天津离小城七十公里，亦不算远。但八十年代的距离和现在不一样。七十公里是一个遥远的距离，去天津是件很大的事情。

怀揣着二十块钱去了天津。二十块钱在当时是个大数目。我和父母谎称是要交学费。骗人！其实我只是想要有双匡威球鞋。不认识天津，那时也没有导航仪。只知道一路向东走国道，边骑边打听。骑了多半天，终于到了天津。

去了天津百货大楼和劝业场，都没有卖匡威球鞋。但天津之大吓住了我。我以后要住天津这样的城市。在回来的路上我想明白了一件事，住天津这样的城市要学习好，考上大学，才能离开小城。

我决定好好学习。

我骑到家已经半夜了，满天星光。父母急得派人去找我，星光下望着还年轻的父母，他们没有骂我，接过我的自行车。我把握得皱皱巴巴、全是汗水的一把钱又交给母亲。那是二十块钱，我一分没花。

后来很多年我一直穿球鞋，匡威牌的。

十三岁过去以后，我上了初二，我转了学，亦开始努力学习。

我再也没考过第二名。

忽然开了窍似的，再加上些许努力，成绩永远是全年级的第一名，掷地有声的第一名。

初二的暑假，我长高了近十厘米。从前我在第一排，开学后在最后一排。上初三时我继续疯长，并被招到校篮球队。又细又高的个子，像一根棍子杵在那里，日影中又薄又扁。

我投篮真准啊，三分球一投一个准。我真瘦啊，风钻进肥大的裤腿里，像养了一万只鸽子——我再也没有去爬橡胶厂的水塔。我一米七了，我见到男生开始低头。

我来例假了。裤子弄脏了，星星点点的红，男生笑话我，我低下头快跑，脚下有风，生怕人追上。

沉默、无语、腼腆、羞涩、自卑。我怎么这么高啊——比男生还要高。平胸，头发黄，两条长腿像鹤，除了学习成绩好，一无是处。

每天上学路过父子三人开的打铁铺子。铁花飞溅，三个人光着膀子，一锤一锤地砸着。我觉得自己是那块铁，被越打越硬。我不与任何同学来往，只是读书。每日一个人骑着自行车满城转。

那时开始拆城墙了，父亲从无线电厂辞职，下海经商，经营无线电，家里渐渐富裕起来。母亲一箱箱地买水果和饼干，这个会过日子的女人有了钱，开始大把花钱。父亲有了摩托车，家里有了索尼录音机，还有冰箱、彩电……小城之中，我家几乎是第一个拥有这些洋玩意的人家。

照现在的话说，我家那时是暴发户，我是富二代了。

初三毕业，我以第一名的成绩考上高中。班里还有一个男生考上高中。只有我们两个人考上。他又黑又胖，长期第二名，是我的对手。多年以后，是我的亲人，如兄长一样体贴爱护我。他是山西人，在外婆家寄读，初中三年，存下了一生的友谊。我日后在山西的旅游，平遥、王家大院、祁县、太谷……他总亲自带着游览。

彼时，我们已近中年，并且带着孩子去对方家里住。他介绍我时，总是说："我妹子。"但那时我们还动手打过架。他在我后桌，挤得我与华没有了地方，我便一脚踢断了他的凳子，他后来笑说："我妹子从小脾气就坏。"他依旧胖、敦厚，操着山西方言和我说话，偶尔有几句听不懂，他便笑。

上高中后，我的学习成绩沦为中上等。一中有图书馆，整天借书还书，偶尔去文化馆看期刊，读到"行行重行行，与君生别离"。又读到"思君令人老，岁月忽已晚。"忽然黯然，忽然落泪。所谓情窦初开，大抵如此。自己忽如那远行客，因为读了许多杂书，显现出与旁人不一样的气息来——上有弦歌声，音响一何悲。亦不知为何忧伤起来，站在一中的合欢树下发呆：那个白衣少年始终不曾来。

当时，我的家境是同学中最好的，有两辆铃木牌自行车，一红一白，在校园骑，扎眼极了，招摇极了。那时很多农村的同学没有自行车，便借给她们骑。只借给女生，因为那时男生女生之间不说话。

同桌阿文家在南孟，一次次借给她骑自行车，她怕弄脏弄坏，我说随便骑，没事的。那时因为家在城里，便不住校，时常领着同学去家里吃饭、喝咖啡、听歌。

父亲有了钱，买了 JBL 音响，要一万多。母亲开始打麻将，家里开了流水宴，总有人来吃饭。大鱼大肉，纸醉金迷。富足的味道让人难忘——父母晚年家道没落，但因为富裕过，眼神总是淡定，一粥一饭也亦常知足，并不觉得粗茶淡饭不好。母亲见到谁有几十上百亿亦不心惊，她打牌输掉很多钱，但输了也就输了，真是所思在远道。父亲仍然潜心研究天文地理宇宙，闲了吹吹笛子拉拉二胡，家里养了几只猫。

他们常去菜市场拾鱼肠子，他们富足过，有山河定的心态，并不觉得富贵人家有多好，一副“君亮执高节”的样子。千金散尽了，素衣粗粮亦是动人。许多同学还记得第一次喝咖啡这种东西是在我们家，母亲倒忘却了。她依旧粗枝大叶，山河更移与她无关。人生非金石，但母亲有金石气。

十七岁，冉冉孤生竹。我有了心思，喜欢下雨天。读张爱玲、杜拉斯、席慕蓉，给《河北文学》投稿。文艺女青年加文学女青年，四顾何茫茫。“燕赵多佳人，美者颜如玉”。并非说我，我依然又瘦又高。有两个女同学极要好，每天一起吃饭散步，翻墙去电影院看电影。那时一中的墙可真低。

人生忽如寄。

日记写了几大本，里面有一个人的名字。学习沦为中等。

那时少年们却有朴素之美。天地浩荡间，朴为未雕之木，素为未染色之布，昼短苦夜，并不知华年易逝。在操场上发呆、跑步，看男生踢足球，院子里的合欢树开了花，雨来了，落了一朵，又落了一朵，终至缤纷。

周日与同学去北京，爬长城游故宫，买了明信片寄给笔友。

那时流行写信,八分钱邮票,天南地北的写信。吾有一笔友,在南方。男性，重庆读大学，自然是信来信去，心照不宣的暧昧，但从来不说什么，也没什么可说。没什么可说却总洋洋洒洒写好几页，流水账一样。以文学、青春、校园的名义抒情，真真“既来不须臾，相去千余里”，觉得远方有个人懂得。

十七岁发表处女作，在南方《春笋报》上，一时兴奋得难以自持。那是四月五号的春夜，与友在操场上走了一夜，相当于秉烛夜游，直至天亮。

一夜成名。被人指认是那个发表了文章的女生，那个年代还有光芒。谢烨在火车上遇到顾城，一见倾心。诗歌有巨大魅力，我订阅了《诗歌报》《诗神》《诗刊》，每每自诩为诗人，非常文艺地忧郁着——棉布长裙、白球鞋、长发。我终于从十三岁的中性少年成为一个地道忧郁的少女。但我不自知这是做作，以此为荣。全国各地的读者来信滋养了我的虚荣心。我得意极了。

那些读者来信足有几麻袋，我一直留着它们，直到现在。它们已经发了黄，有些字迹已经相当模糊——那些当初给我写信的少年们，你们去了哪里？你们还好吗？“永结无情游，相期邈云汉”。

文工团有唱评剧的女人，名声坏透了，总是传言她和多少男人睡过觉。但美艳透了，烫着大波浪，穿着旗袍……每次路过文工团，我总会张望一眼，企图遇见她。

有一次真的遇见了，她坐在一个男人的摩托车后面，搂着那个男人的腰。摩托车音响里放着《冬天里的一把火》，两个人穿过老槐树嗖嗖地过去了。

街上有弹吉他的少年，港台电视剧的打扮，鬓角是烫过的。改革开放的春风吹到小城，有钱的人越来越多了，人们的脸上露着春风一样的笑容。书店里有了尼采、弗洛伊德、黑塞。

八十年代有从容、放纵、宽厚……街上依然有马车、牛粪，手写的信每天铺天盖地装进邮箱——从前的光阴真慢，不用说从前，八十年代就这样慢。忧郁的少女骑着白色自行车，飞驰在霸州的大街小巷，她渴望流浪、野性、自由、纯真如童话的爱情。以为一切是地老天荒、至死不渝。

其实没有什么能永垂不朽。

城里来了歌舞团，有男子蒙上红布唱崔健的《一无所有》，还有女人唱

《黄土高坡》，很多人去了深圳、珠海……我们班主任便填了表，准备去深圳的私立中学教书。我们以为他说说而已，刚毕业的大学生都这样豪情万丈。没想到我们毕业后，他真的走了，一去二十几年，再也没有回来。他成了新深圳人，操着一口流利的粤语。

那年我十八岁。

一个月后参加高考，落榜。一个人骑自行车去看大海。在海边失声痛哭，任海水将自己淹没。

后来把那次远行经历写了篇文章——《十八岁那年我曾远行》，被疯狂转载、阅读，算是励志读本。其实我只是厌倦了小城，对远方充满了遥不可及的想象，我想尽快离开小城，越远越好，永远不要再回来才好。

在海边，我捡了一个瓶子，写下了自己的梦想，然后狠狠地将瓶子扔进了大海。

那一瞬间，我哭了。

* *

有一些人的性情犹如古琴、箫，又似中国山水画留白，在心头即是在天涯，寂寂之花永远怒放。

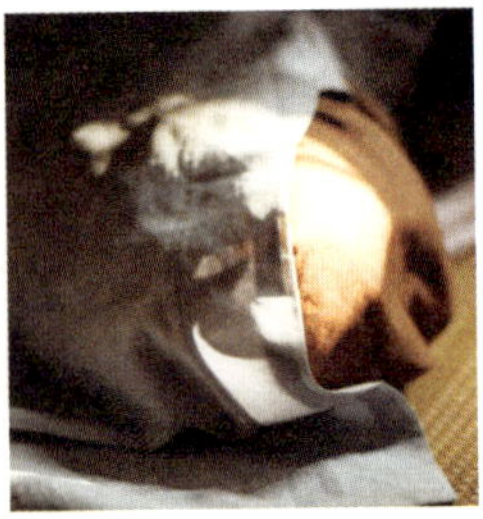

如果一个人理解你的孤独，那是银碗里盛雪，是清水里盛开荷花。

* *

赶集记

*

*

Z老师又来给我拍照片，他已经拍了我七八年。我说胖了不拍了。他说：“那怎么行？我准备拍你到八十岁，这件事才有交代。”

Z老师已来过霸州几次，拍过我的小学、中学、高中学校，还有我出生的院子。拍过霸州的街道、供销大楼、人民商场，这次，Z老师准备去拍霸州的集市。

我自小便随大人赶集，霸州逢周一、周六为集。

世事变迁，集市却仍旧热闹，保持着最初的朴素、粗糙、动人、别致、土气、地气。

总之，每每有机会，我便回乡赶一次大集，总能淘到一些好东西——是真正的惠而不贵。

集市，依旧有民间的真气，人们脸上的表情有世风的干净与义气。我自己更是这样，随着年龄的增长，愈加不喜欢那些华丽的、张扬的、空洞的、乏味的人或事了，那种厚朴与素静更让我觉得踏实。

我从集市上买回农民自制的咸菜，手工盖帘（摆饺子用的）、二手斯伯丁篮球、粗瓷碗、老太太亲手做的老虎布头鞋，还有用柳枝编的“升”、八块钱一个的小板凳，通辽的大烟叶（哦，我把它们挂在了墙上的老窗户上），以及各种各样的小吃。

Z 老师是北京人，只赶过地坛庙会，这样鲜活的集市让他兴奋起来。

三月小阳春。花市上的花儿都有“香气”。卖迎春花的老妪脸上有灿烂知足的笑意。仙客来、杜鹃、茉莉……花市自有民间的质朴与野气。

我挑了一盆二十块钱的鸟巢蕨，对蕨类植物一向固执偏爱——它们身上稳妥干净的气息让我倾慕。鱼市上的鱼儿很多，Z 老师的女儿上大三，看着鱼儿就乐。亦有鱼贩子吆喝着卖白鲢：两块钱一斤喽！香菜一捆只要一块钱，还有大蒜，十块钱可以买一大串，足有一百头。Z 老师说霸州真适合养老，丰俭由人，每月有一千块便能过得极舒服了。

桥洞中卖咸菜的女人每次赶集都来。她自家腌的咸菜干净别致，味道清脆。特别是小乳黄瓜，翡翠碧绿，里面的姜片、蒜片极多，那脆生生的劲儿让人欢喜。每次都买几斤回廊坊，吃完再去买。她已认识我，笑着说：“来了？”那些咸菜朴素动人，她站在阳光里，围裙上的小鸟儿似乎要飞起来。

有处理粗瓷碗的，两块钱一个。买了几只，倒似杭州“不器家”的东西，有古朴天真之姿，但“不器家”的价格是集市的二十倍不止。

火车呜呜地从桥上经过。京九线跑了多年，人们早已习惯。第一次看见火车的时候，人们跳起来打招呼，好像里面坐了自家亲人似的。

到了真正热闹的地方，Z老师极兴奋。卖烟叶的，卖小马扎的，卖大头炸糕的，卖布匹的，卖各大农具、粮食的……远远望去，五颜六色的集市生动异常，随意极了，亲切极了，一如未经打磨的好光阴，几千年停留在了这里，还人们一种自然而然。

卖烟叶的男子操着浓重的霸州话，很耿直。大叶烟的叶子真漂亮，我用来装饰墙了。他说通辽的烟叶好，又蹲下教我卷烟卷。拿了一寸宽、二寸长的小白纸，撒上碎烟叶，然后用两个手指慢慢卷，临了，用唾沫一沾……特别是他用唾沫沾的时候，生动极了。我卷了一根，点着抽。火车呜呜地从旁边经过，春风在耳边吹着。

亦爱看卖农具的，锄头、耙子、筐箩。还有卖案板的，男人在刨板子，木头花卷卷地落在脚下，Z老师自然是喜欢这里。

卖布的女人四十几岁，地摊上的布论斤卖，十五块钱一斤。Z老师说：“霸州大集真有意思，布居然论斤卖！”上次与剑锋赶集，他买了阴丹士林蓝布，那种蓝非常有民国范儿，他说要做个对襟的袄，然后唱戏穿。我买了块宝蓝色的灯芯绒布，铺在小茶几上。前年去欧洲还带回一块手工大毡子，铺在沙发上。

我对布有一种说不出的依赖，布很温暖我。我一直喜欢买布。在廊坊，东安市场是很大的布料市场，我买过每一家商户的布，用来做披肩、旗袍、沙发靠垫、窗帘、被罩，或者乱铺到哪里。

“虹莲”，我忽然听到有人喊我名字。Z 老师说：“小禅，有人叫你真名呢！”我回过头去，看到一个头发白了的女人站在阳光里。她矮而胖，围裙上有很多油污，身后挂满了廉价的衣裳。

“王文花。”我没有犹豫便叫出了她的名字，她也很激动，Z 老师也很激动。王文花是我的初中同桌，那时我十四岁，与文花同桌，那几乎是三十年前的事情了。

Z 老师为我们拍了很多照片，但文花一直很局促很拘谨，周围的人看着我们。我抱了她一下走开了，我的穿着打扮会让她不自在，尽快离开会比什么都好。

整个春天，我手机里一直放着一首歌——《虞美人》，邓丽君唱着“春花秋月何时了……问君能有几多愁，恰似一江春水向东流”。我和 H 说：“李煜写下这首词便抱着必死的决心了。春花秋月哪有个完呢？”

在春光里，遇见初中的同桌，她在集市上摆摊设点，手上还有冬天的冻疮。

十四岁那一年，她美如海棠，现在的她仍旧朴素得体。突然想起黄永玉的一句话：美比好看好，但好比美好。只要文花感觉到自己好，就是大好。

我穿行于那些灿烂的花被面之间，Z 老师捕捉着我与风的镜头。

集市的热闹与朴素恰恰应和了我的心境——远离了华丽与浮躁，慢下心来，写字、画画、一个人旅行……在时间的旅行上，一直有着自己的态度。

Z 老师拍我帮助卖炸糕的翻油中的炸糕。女人把手里的面捏成一个团，然后把红豆沙放进去，小心地放进油里……我用筷子小心地翻着炸糕。

我自小便喜欢吃这种又黏又香的东西，吃进去觉得心里踏实、温暖。老板给我吃了一个，我站一旁替她吆喝着，Z 老师便笑我孩子气。

世间的情分，是无可把握的。生死的恋情，易逝的风，凋落的莲，风中被摧残的牡丹。如此这一切，都颓去了。于是有了素素的闲心一颗。就这样安静着，寂寥着。

* *

我倒是宁愿这样孩子气。

Z老师买了红薯与大枣。他的女儿钰泽欢喜着。我买了鸟巢蕨。集市正热闹，我的心这样老了——因为越来越喜欢热闹，越来越怕一个人待着。孙犁先生在《书衣文录》中写道：老了，对书的兴趣渐渐淡了、远了，也记不住了。

我少时顶喜欢清静凛冽，现在却一切相反——集市的热闹有人间的喜气，虽然这喜气像大红缠枝莲被面画了牡丹，看着艳俗而扎实，却自有一份安静从容。忽然想起杨凝式，他写《韭花帖》时，想必也是这样欣喜的心情？

但感觉是这样好，一切都这样好。踏踏实实地过日子，慈悲喜舍，那宽敞明亮的集市上，自有一片天真。我喜的，恰是这无穷无尽的天真。

《怜香伴》

*

*

“《怜香伴》。”

我在电话中听到这三个字的发音时，觉得非常灵动，带着伤感的磁性。

她说：“去看，你一定喜欢。”

我有些犹豫，她又加上一句——“不看你会后悔”。

是李渔的名作。李渔，一直是我欣赏的那种文人类型，活出了一种细腻的质感——四百年前，自己有小戏班子，研究豆腐的几十种吃法，倡编的《芥子园画谱》，成为几百年来绘画界最传统的教科书。

而《怜香伴》不怕禁忌，把两个女子的缠绵与爱恋写到了极致。

二○一○年五月十一日。我坐在保利剧院看这出北昆剧团的演出。这是一种非常奢侈的行为——我要从廊坊赶到北京，然后花上几百块钱买一整场演出的票。只为看一出《怜香伴》，仅仅因为李渔，因为一句“我嫁给他，其实是因为你”。

导演是关锦鹏，他并不掩饰自己的性取向。文化顾问李银河更是两性关系专家（她与王小波的情书《爱你就像爱生命》我一直珍藏）。关锦鹏是我一直推崇的导演，从《胭脂扣》《画魂》《红玫瑰与白玫瑰》《蓝宇》……

他把人性的破碎细腻地刻画出来，破碎感比完美感更让人心动。而爱情，从来充满着破碎的气息——《怜香伴》，两个女孩子，一个崔笺云，一个曹语花，只因崔闻了曹的美人香，又私会了诗文，从而倾心……也许所有爱情都是人性的，大概真的没有男女之界？

我从来没有见过如此唯美的舞台设计——足够空灵也足够妖气，简明扼要的几个白色框子，几块散乱石头，粗麻布上用灯光打出第几场第几出。

两个女子，美丽得近乎妖气，郭培的服装设计，毛戈平的化妆——都冲着妖气而去，她怜她，她更怜她——为了终生厮守，最好的方法是嫁给同一个男子。她和她的爱情，看着如此妖艳而缠绵——昆曲的笛声中，曹语花懒懒地倒在崔笺云的怀里——她们是彼此的天上人间。

相思可以成疾——枕上的相思叫欲，心里的相思才叫情。曹语花想崔笺云，想到肝肠寸断，扬州城那场情事，居然三年后更浓更烈更不能忘，病成相思灰了。而崔笺云更是从扬州一路追到北京城，只为相思已经刻骨。

那男人范介夫倒成了女子的陪衬——在真正的爱情面前，一切都是道具，都是陪衬了。

男旦版《怜香伴》更是惊艳。两个柔艳的男子，有中性之美——我喜欢这种中性，更像人类的最初。

整出戏颓荡出一种迷离的气息——也有人会接受不了，毕竟是同性之恋。但那种妖娆之美，散发出一种特别氤氲的气息——略带阴性，柔柔美美——散发出一种甜腻而纯美的气息。

崔笺云说，让我们好吧。

曹语花说，我们好吧，做姐妹吧。

崔笺云说，嫡亲的姐妹也不能日日在一起，也有间隙，只有做了夫妻，才能枕上共眠，才能生生世世……

不是吗？有比夫妻更亲更近的吗？骨中的骨，肉中的肉，这样的亲，亲到拥你入眠。这样近，同闻人世烟火。朝夕相处，亲得不能再亲。

不，一点也不觉得窒息。

像感知一片粉，一片你早就喜欢的暗粉——像崔笺云穿的粉，曹语花穿的明黄，都那样妖艳亮丽。何况，是一对丽人——因为闻了美人香，因为才情，而相互吸引。这世上，因了灵魂吸引生死相许，远比肉体相亲珍贵很多。

昆曲，本身就是前世今生的一种物质。看了《怜香伴》，忽然觉得《牡丹亭》俗了。《牡丹亭》里的生死还关乎情欲，而《怜香伴》只关乎灵魂。

真正的白雪容不下任何尘埃，容纳她的只能是雪。

散了戏，我往外走，看到很多女子来看，还有很多是两个女子结伴而行——我想，我懂她们，一个灵魂吸引另一个灵魂，也许就是怜香伴。

就是卿怜我来我怜卿呀。

过年记

*
*

离二〇一四年还有几日，我便回了故乡，空气中已经弥漫着过年的味道。

也许是年龄长了，我愈发喜欢过年了。喜欢那种俗气的热闹，即便家长里短，也有一种轰轰烈烈的地久天长。

腊月二十三，小年一过，年味便浓烈得化不开了。腊月二十六的故乡大集总是铺天盖地地热闹，这一天仿佛所有人都在集市上似的。大前年我和马小强去赶集，买了虎头布鞋、伊拉克蜜枣、花生油……

前年我和 L 去赶集，买了骨质瓷的唐山碗、盛饺子的盖帘、手工木筐。去年我和剑锋去赶集，买了斯伯丁篮球、阴丹士林布、手工馒头。

有时候我觉得是为这个集市而早回家过年的。我去的洋气的地方越多，越是想一个人在故乡的大街小巷乱逛，和那些不认识的人用方言聊天。他们可能是理发师、小贩、手工艺者，也可能是在街边发呆晒太阳的老人们。故乡的方言有一种霸气的铿锵，不容置疑的语气——年轻的时候，我常常为自己的方言感到羞愧难当。特别是我操着一口流利的普通话在机场遇到老乡时，他如果还是个大嗓门，我简直想钻到旮旯里去。

但我现在极少说普通话，大部分时间在说家乡话。我的孩子开始时不会说家乡话，后来我慢慢教会了他。

民间的味道浓郁而诚恳，年，像等待一瓶贮藏多年老酒的开启，浓香味儿扑鼻……给父亲买了“张一元”的高沫，拎着走在通往家的小巷里。

父亲一个人在听音乐，这个一辈子热爱孤独的老人有与生俱来的“宇宙感”，他研究天文、地理、音乐、计算机，自己动手做木工活儿。每次回家，他会拉二胡给我听。父亲临摹了柳公权的《玄秘塔》碑帖给我，然后说：“等我不在了，你留个念想。”他那些研究宇宙、时间、能量的书有一排……

终其一生，我赶不上父亲的一角……外科医生打开卡尔维诺的大脑说，这个人的大脑构造太奇特了，明显和别人不一样。我觉得父亲的大脑构造肯定也奇特。

我很少与父亲聊天。这个下午是个例外。腊月二十八，爆竹声轰隆隆地响着，我们父女有一搭无一搭地聊着，猫在打呼噜。今年可真暖和，父亲只穿了件球衣，面色好极了，简直不像七十二岁的人。

他嘱咐我，以后他要是没了，给他写挽联时就写这两句：一生探索有成果，半世奋斗无辉煌。我笑着应了，内心却有凄凉。但亦没有笑他。父亲把自己活成庄子一般，对生死早已笑谈。他一辈子热爱科学，却在小城无知己。我说他至少要活到九十岁，父亲说："九十可不行！"他笑嘻嘻地抱起猫："我得争取成为百岁老人。"

晚上，朋友来看我，提了老白茶和香油。老白茶泡了有药香，熏得一屋子都香了。我近一两年茶瘾极大，每日不喝茶觉得少了些什么似的。茶成了生活的一部分，而且越喝越上了大瘾。正月初十就要去西双版纳看老茶树了，去看新旧六大茶山，想想就高兴。

夜里十一点忽然来了一只猫。我和T都非常惊喜，T说猫是招财的，然后给猫剪了指甲洗了澡，我给猫起名"羊百万"，T说我羊年肯定得发财。

晚上读了资中筠《闲情记美》和卡尔维诺《看不见的城市》，又下楼转了一圈。广场上很多人放孔明灯，还有跳广场舞的人们，清冷中有一片又一片的喜悦充盈着、蔓延着。

腊月二十九。在婆婆家蒸馒头，好多年不蒸了。刚结婚时每天蒸，手艺好极了。纯碱的手工馒头。今年又蒸了，放碱的时候有一点犹豫，但效果还是不错。又炖了牛排和猪肉。婆婆是老年合唱队的队长，在客厅里唱着歌。

这个一年到头去唱歌的老人，年轻时是一个美人。一九六四年，她毕业于杨村师范，现在儿孙满堂，仍然每天坚持做手工活。电脑里全是她的演出录像——婆婆对生活的热情之高让人羡慕，但她又朴素——仍然穿着十年前我丢掉的旧衣，而且说："又不坏，扔了可惜了……"我听她唱了一天歌，愉悦得很。

腊月三十。男人们照样去上坟。每年都是这样。三十的中午饭他们要在村子里吃。外面的人回来了，村子里隆重地招待外面回来的人——他们觉得那是一件非常体面的事情。我去看奶奶，就是婆婆的婆婆，住在五叔公家。奶奶九十八岁了，从民国活到现在，出来进去仍然极方便。

朋友苏砚从苏州带来了“汤婆子”，让我交给老太太。我见了奶奶，奶奶穿着大红衣裳，牙齿掉光了，却仍然精神。握着奶奶的手，感觉奶奶的手是凉的——老人的血液循环到底是慢的。

准备年夜饭，我亲自下厨。油焖大虾、青菜豆腐、鸡蛋青椒……外面有人在放烟花，“春晚”进入倒计时了。

一家八口，热闹地吃完。与弟妹说家常，她仍然教小学，脸上闪着朴素的光泽。

我们守夜至凌晨，几乎没看“春晚”。几年没看电视了，电视里出来的人大都不认识。愈发觉得又安静又好。忽然想一个人听戏曲和交响乐，除夕到底是良宵。

年前，三奶奶去世了，于是羊年不贴春联也不拜年。这是老家的风俗。饺子是羊肉白菜馅儿的，香油放了足有一斤。每年都是我和面、煮饺子，今年也不例外。

吃了饺子，我便回了娘家，两家离着一公里，近得很。弟弟一家也在，自然穿得喜气洋洋。侄女在谈恋爱，男友是江苏人，一脸的粉色和甜蜜。母亲的三个侄子来拜年，齐声喊我“大表姐”。大表弟在做零工，二表弟在教育局上班，三表弟当厨子，母亲甚爱三个侄子，高声招待着，拿水果、沏茶。

他们亲热地交谈。空气中有强烈的化不开的鞭炮味，而屋里的人新衣新面，美成在久。父亲仍然一个人在书房待着，不参与大众的热闹，而与他的书中故交、页中素友交谈。他自有他的华枝春满。

初一又是雨水。老树画了新画，并且题了诗：细雨飘然而至，春来不言离愁，有麦香青于野，有你在我心头。雨水节气，天色阴下来。弟弟准备了丰盛午餐，孩子们打闹着。我与弟弟聊着闲天，弟弟让我老了回家住，“还是回家乡的好”。我说：“那当然！”

M 发短信说：老了以后，我回霸州陪你，一起变老。那是我们的约定。华姐也盼着我快回家乡。我说：老了一定回来。

大年初二。

惊喜，大雪纷飞。

我推开窗户深呼吸。广场上空无一人，漫天飞雪。去雪中狂奔，只我一人。空气清甜明亮。雪地里有鞭炮碎屑，像一地碎了的心，惊艳极了。二〇一四年没有一场这样的鹅毛大雪。我站在大雪里，想起木心那句诗：“我是一个在黑暗中大雪纷飞的人哪。”一个人在天地间听雪，心里惊喜极了。

我决定去拜谒李少春先生。《野猪林》是李少春先生的经典剧目，裴艳玲也和李少春学过戏，人称李神仙。有人说李少春是新中国成立后戏曲界的头把交椅，这话不为过。我恰有幸与先生同乡，今日如此大雪纷飞，当拜谒先生。此为天意。

李少春大剧院前的雕塑是《野猪林》中的林冲——他一个人在大雪纷飞中夜奔。雪太大了，太厚了。剧院门口的广场上只有我一个人，我在雕塑前深深三鞠躬。这雪来得恰恰好，好得像一场隆重的私奔。多么壮丽、硕大，甚至，夹裹着多么隆重的神秘意味，这雪是为李少春先生下的吗？这一切皆是天意吗？

母亲带我去看大舅、二舅。大舅病得极重，母亲亦说大舅生死：“我常去看你大舅，让他坚持着，可千万别赶在过年死，给孩子们添堵……”话语又无情又寻常。人们面对死亡远不是影视剧中那样抒情，只是日常中的麻木与淡然。

大舅躺在床上，眼神已涣散，亲戚们热烈交谈，仿佛不知这还有一个行将告别世界的人。我塞给大舅钱，他用手握着钱，仍然有力气。

二舅母在扫雪，雪地里的二舅母那么瘦弱单薄，她照看表弟、表妹的四个孩子，还有很多活儿，春天还要给杏花授粉，每年我来看她便是个隆重的节日。她蒸馒头、炖肉、烙烙饼、炸油饼，买下的菜能堆半个屋子。我也帮着扫雪，和二舅母聊着天，说着今年的收成。

表弟更胖了。因为做厨子，便炒得一手好菜。他每月挣七千块钱，仍嫌不够花，三个孩子还小，花销大得很。表弟妹也更瘦了，在一个面馆上班，每月三千块钱，抱怨物价太高，简直捉襟见肘。

屋子里只有一个火炉。炕上躺着猫，四个孩子在水泥地上打闹着。墙上贴着毛主席的画像，二舅母说是在大集上买来的。

窗花是“福”字，帘子是赤红色的，刺绣了牡丹。屋子中有一种热气腾腾的氛围，灶膛里的火苗正旺，屋外有化雪的声音。母亲高亢地聊天，对来串门的邻居抱以高涨的热情与诚恳。

午饭开始。

表弟炒了几十个菜。

众人围坐，说着人世间的艰难，但又快乐地吃着。

屋外的雪开始化了，化雪的声音好听。

二舅在给人看门，每个月一千五百元，初二不放假。表妹也没有回来，在一个饭店里给人端盘子，但发了短信给我：姐，杏花开的时候，我给你打电话啊，你一定要来看杏花，咱家包了几十亩杏树呢。

晚上和大姐躺着聊天。大姐说今天可真好，下雪了，年头肯定好。

大姐又给我看她的手机，是老款的诺基亚，只能打电话发短信的那种：你看，你给我发的短信我都留着呢，想你的时候，我就看看。雪老师，你要经常回来啊，我想你……

我给大姐买了件新毛衣，灰色，白领子，我让大姐梳了个麻花辫子，然后给大姐照相。

大姐看着自己的照片说："显着年轻呢。"

我和大姐站在窗前看烟花，满城烟火正灿烂。我跟大姐说："大姐，好日子还是来了，好日子在后头呢。"

*

*

杏花白 * 相对月明中

我们穷尽一生，不过是走向内心的幽兰——走到了，推门进去，看到自己内心里，那浩瀚的、温暖的故乡。涕泪潸然，这幽兰鲜艳着——说不出，说不出呀。只闻一语，便石破了，天惊了。

幽兰

*

*

“幽兰”两个字读出来，是有一种清香的。

有些文字，天生是带着植物的气息的。那么干净，那么透亮，脉络清晰。

他告诉我：“你知道吗？胡兰成后来葬于日本，墓上只两个字，‘幽兰’。”

心里一惊，在别人看来，也许倒是胡兰成污辱了这两个字。因为胡的口碑实在是差，几乎九成是骂。但越读他，亦越迷他——他的文字倾情，花不沾衣，幽情动早，少年就老掉了。

美，惊动光阴天地了。

人间慈悲，是过尽千帆，仍然有幽兰之心。越老，越活出一种幽兰之境。

人说空谷幽兰。

那绝境处才是空谷。

低微，空无……是八大山人水墨中的孤山与凋枝，是四僧笔下的静寺与孤僧，是那春天一回头在人群中看到白衣黑裤的少年。

多少佳篇美辞说过幽兰？说出的幽兰还有芬芳，而说不出的幽兰，是在早春里，一个人，做一朵自由行走的花，愈行愈远愈无声了……

听班得瑞的《安妮的仙境》，想必里面是有幽兰的，那音符是安静的。

有一次，我和冬、虹去天津的大胡面，在又脏又乱的电梯间，刹那听到了仙乐——是恩雅的声音。早春，海河上的冰还没有化，很多无所事事的男人在钓鱼。恩雅的声音像早春的幽兰，仙风道骨，连一点人间烟火气也不想赐予。可是，足够了！在这又乱又热闹的大胡同里！突然听到恩雅的天籁之音，我们顿时感到仿佛与神同在。

我倒极爱这烟火里的幽兰了。

幽兰还是，月白风清的晚上，一个人，点了一支烟。抽或不抽，不重要。与时间做缠绵的情人，懒懒地倒在蓝色的沙发垫上，笑到万籁俱寂。

自己和自己缠绵成一株别样的植物。最好是兰吧。有清凉的懒散和美意，有些许的孤零和寂好。似读六朝的古书，没了年龄，没了性别，亦没有时间……

张岱说：“人无癖，不可与交，以其无深情也；人无疵，不可与交，以其无真气也。”但有真气之人甚少。天地茫茫，水太浊，人亦太浊，那真气游荡着，不易附于人身。

深情亦少，慢慢地冷漠麻木，慢慢地变成僵硬的一块石头或木头。不为所动。哪怕爱情。

不，一切不是浮云。

那真心的花儿，那为谁刮起的一夜春风，那耀眼的花蕊，那密密麻麻的美丽——那不动声色的爱与哀愁。

笔笔存孤，迷恋崇尚生气、真气。张岱又说："盖文之冰雪，在骨，在神。"人又何尝不是？那幽兰，是一脉蓝幽幽的经络，伸展着，散发着妖一样的媚。

如果光阴把一切席卷而去，最后剩下的，一定是一抹幽兰。

如果爱情把一切席卷而去，最后留下的，也定是带着蓝色记忆的最初的心动。

幽兰的本性，就是真心。就是无意间的那个好。

幽兰是曲终人散后，江上数峰青。那数峰青中，有人是最青的那一枝，尽管素面薄颜，却难掩干净之容，似纤手破开新橙，有多俏，有多妖，亦有多么素净与安好。

那心底深处的幽兰，其实早就见到过无限的美，无限的妙。——天地空间，宇宙茫茫，曾经似《圣经》中《出埃及记》那样，一意孤行，浩瀚汹涌磅礴……米开朗琪罗画那些穹顶壁画，画那些《圣经》中的美与寂静，年年如此，再下来时，背已驼掉了，但他的心中长满幽兰。

到欧洲的人，去看那些穹顶时，往往被震撼到无语。

陈丹燕在自己的欧洲系列散文中写过一句话："颓败但有一种直指人心的美。"这句话真好，幽兰就是这种味道。

明明过期了，明明颓败了，然而天地大美见过，甜腻也见过，萧瑟也尝过……是时候收梢了，是时候和所有的过去道一声晚安了。

就这样感觉到光阴的脆弱。以幽兰之心——像陆小曼的晚年，受尽了一生的颠簸与流离之后，把前半生的奢华用后半生的寒酸来偿还。素衣裹身，冷心缠绕，哪管别人冷箭射来，不发一言。在晚年，她把自己过成一朵看似妖柔实则敦厚的兰花，不卑不亢之间，完成了人生的轮回。

就像张岱，是这个世界最懂的看客。

他站在台下，看完高台上热烈的演出，驾着自己的夜航船，去西湖的湖心亭赏雪了。

我们穷尽一生，不过是走向内心的幽兰——走到了，推门进去，看到自己内心里，那浩瀚的、温暖的故乡。

涕泪潸然，这幽兰鲜艳着——说不出，说不出呀。只闻一语，便石破了，天惊了。

茱萸

*

*

“茱萸”这两个字真美，像一个女孩子的名字。这个女孩子美得很有古意，可她不自知。但这就更美，很多事物因为不自知便有一种大美。

路边和我住的院子里有很多茱萸，但我起先不认识。很多年来，我路过它们亦没有多留恋。秋冬时，树枝上结很多密密麻麻的小红果子。因为树叶快掉光了，那小红果子挤在一起，便有一种惊艳。

秋冬时，我常采来插在瓦罐或瓶子中。插了几年仍然不知道它叫茱萸。

有时候我看书写字画画，累了便瞅上它几眼——那些红的果实干了瘪了，死在枯枝上，却美得更惊心。日本的枯萎美意影响我颇深，残荷、破旧的瓦

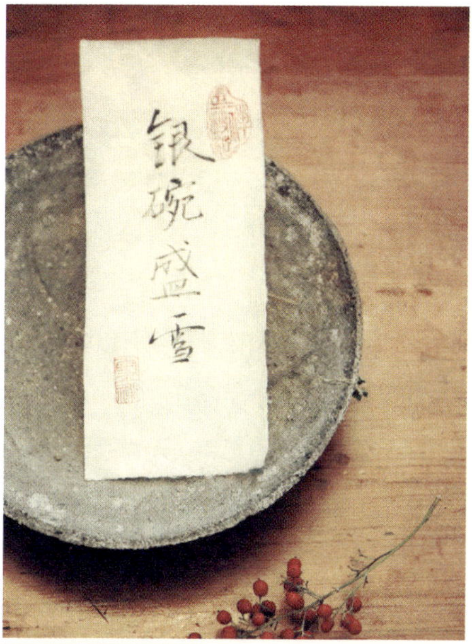

* *

及时给自己内心的纠缠画上句号，是一件从容而淡定的事情。那得看透这人世间的纠结不过是漫漫人生中的小小浪花，而自己的生命之光，才是尘微中最美妙的花朵。

罐、枯枝、旧家具、枯山水……日本还仿佛生活在南宋。我也生活在南宋，自己的南宋，一个人的南宋。至少，这些茱萸是知道的。

二○一三年冬天，旧友来访。我们喝茶、聊天。从安吉老白茶喝到大红袍、太平猴魁，然后是铁观音、台湾高山茶。喝到天黑，她突然说："你也喜欢茱萸吗？你看，你的屋子里插了很多枝茱萸，你肯定是在等一个人呀——'遍插茱萸少一人'。"

那一刻石破天惊，原来我插了很多年的干枝叫茱萸。我曾以为茱萸离我极远，我曾想，到底怎样的植物才能配得上这两个字呢？一刹那我有些不能自持——那每天陪我悲欣的怎么可能是茱萸？众里寻茱萸千百度，原来茱萸在我每天经过的路上，被我折下来插在了很古旧的瓦罐里。

仿佛旧人重逢，又惊又喜。

"茱萸"两个字有古意，好像来自春秋或者更早。无论它写起来还是读起来都让人心里动几下——有些中国字就是有这种本事，让人一见钟情，让人念念不忘，让人心生怜惜。

为了这两个字，简直想去唐代了。就当那个倾国倾城的玉环吧，长生殿里与他窃窃私语——连天上的星斗都嫉妒了呀！春天里花儿正盛开，鸟儿羡慕着这一场盛大的情事。而李白必手持茱萸，写下千古名句：云想衣裳花想容。

茱萸的姿态真好——不蔓不妖。太招摇的花儿我不喜欢，像化着浓妆的女人，其实最朴素的干净才最妖气，最简的也最单。人书俱老是境界，但有些人，一生下来就老了。有些植物，一长出来便干净、贞烈，比如茱萸。

与茱萸相依的冬天，我看霍春阳画残荷、画竹、画梅、画石头……那些残荷真有风骨，绝不是败象，他画出了荷的精神与态度。茱萸也是有态度的，不温不火的，像润了多年的玉，又似把玩了多年的珠，美得敦厚、朴素。年龄和审美紧紧相连——我少年时喜欢的狂放与花红柳绿已经悄然淡出视线，那些张力极强却使轻缓的、温润的东西更加如化骨绵掌。

我连吃辣都收敛了许多。

更多的时候，我愿意是这一枝茱萸，在年轻的时候满场风华，有鲜翠欲滴的丰泽与容颜，中年后有了风骨，老年后干枯了仍然那么有神韵有姿态——任何的潦倒我都拒绝。我曾和R说，到老了我也要穿旗袍，把头发梳得好好的出来唱戏。像那支插在瓦罐中的茱萸，比花枝圆满更让我心生欢喜。

与茱萸在一起的时候，我煮粥、擦地、听戏、发呆……粥的香味扑出来，弄香了这个冬天。这个冬天不冷，第一场雪下得极薄，前日与老卢、阿颖去天津滨海剧院看河北梆子《徐策跑城》，“银达子”的徒孙王少华演徐策。“银达子”三个字响铃一样，河北梆子张力极强，高腔极多。唱反调时鼓声低沉，我差点哭了，但到底忍住。王少华唱得极有穿透力，我几乎忘却了鼓掌。这种情不自禁的忘却真好，就像我忘却曾经与茱萸每天相遇、路过。

少年时经常和同学去花园偷花，那时根本不在意那些花儿的艳丽与美。随随便便就扔掉了，亦不可惜。我一向对艳丽的花不疼惜，从不。那些朴素低调的小花，抑或不开花的植物更让我心疼——就像我疼惜那些自卑的女子，她们羞怯的眼神、低温的态度让我怜爱。

少年时，我每每张嘴说话便脸红，更自闭到不与人交流。即使现在，仍然不是喜欢高谈阔论的人，那些低温的事物总在不经意间袭击我。

关键是，我情愿被袭击。而茱萸身上具备了这所有的品质。而遍插茱萸唯少一人。那一人，在我心里。我心里，到处是茱萸。

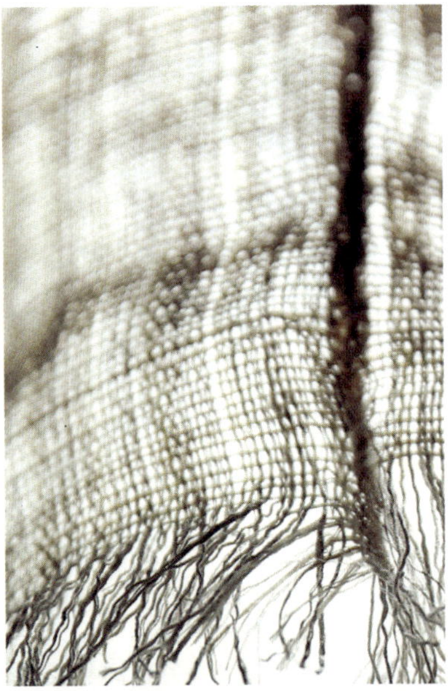

* *

我欣赏有态度的人生。或许偏执孤意了一些，但他们保持了自己的风姿与气息。或许不美不大众，可是不要紧。他们独特而唯一。且不论世事如何，那种非均码状态有固执的美意。

枯木

*

*

春日。万物都欣欣然。我去看枯木了。

去年冬天落雪，我便一个人跑到永定河两岸看枯木。那些枯木在残雪中美到让人震撼。残雪中有麻雀在觅食，有乌鸦在枝头，还有那些筑在枯木之间的鸟巢。

枯木——那些死掉的老树。几百年了，还站在那儿，任风雨侵蚀、腐蚀、磨损。那不明来历的残缺之美让人震撼，心里咯噔一下。还不算完，还有说不出的沧海桑田，仿佛庞大的孤独在这里膨胀，你听得见呼呼的声音。

这永定河两岸，这寂寥无人的黄昏。你一个人，足够了！承担风的寂寞、残雪的凛与冽，还有那些思念的弧度。你想念一个人——多么好！多么恰如其分的想念。时间弯曲了，在你手上，碎碎的一把时间。你终于想起了一切。

可怜无定河边骨，犹是春闺梦里人。R 告诉你，永定河就是无定河。你惊住，一问再问，她很肯定：绝对是。

你突然想落泪。为这千古之谜！为无定河边骨，也为这永定河。

那些枯木知道，那些枯木下的故茔知道。树死了，魂儿还在，它们的身体焦了，苍老得好像不堪一击，黄昏中像一个国破家亡的人，老了，病了……想起写下《湖心亭看雪》的张岱，晚年穷困潦倒时再游西湖，大概便是这永定河边的枯木，心如死灰，身如死灰。连挣掉残血的意念也灰飞烟灭了。

春去春又回。

再跑去看枯木。它们更老了、更朽了，只剩下这残山剩水了，像年老失修掉了颜色的老屋，又像被光阴晕染了颜色的古画，保存着那残缺的、无法复制的美。那四周的青翠与它们无关。

槐树开花了，柳树飘绿了，还有香椿。只有枯木，在永定河两岸保持着颓败的丰仪。

那时人书俱老了，那时摧枯拉朽了。有喜鹊站在枯木枝头叫着，一声比一声高亢。枯木下还有一位老人坐着发呆，他拿着收音机，在听京东大鼓。那是董湘昆唱的京东大鼓。这个老人去年不在了。民间的艺术总那么动人，京东大鼓、老人、枯树、新绿、远处的梨花，是永定河的山水旧画：一笔笔描下来，全是人间深意。

人早早晚晚会活成一块枯木。与江山无猜、与天地无猜、与时间无猜。没有计较了，没有风声鹤唳，也没有花红柳绿。只活成这有了风骨的枯木，心寂寂，身寂寂，但断然有了空间与时间的绝世风姿，端然于田野上，或者立于永定河两岸，任雨打风吹，千年风雨。

那枯木的风姿有些似胡杨，但胡杨多了野气。它们在光阴中踉跄地老了，猝不及防地老了，一夜之间老了。春天的枯木在那些郁郁葱葱的绿树间更显苍茫了。没有一丝绿意，完完全全地枯死了。像爱一个人彻底到只求同死于一日，他拉着她的手，她的心是甜蜜的。

秋天的时候，我也来看过它们。风吹得那些活着的树树枝摇摆，树叶纷纷落下，地上一片金黄。但枯木依然那样沉默古朴，粗壮的身躯有了远意。它与那些落叶相互体贴、安慰，却并不凄凉——凋落比盛开更有意味，枯枝比繁茂更有况味。日本人原本爱看落樱，把自家花园弄得极萧索，他们喜欢枯山水胜过青绿山水。像中国画，古了旧了才通透圆润，却不失一脉天真。那新画还有生气，还有茫然，还有慌张。

那枯木是晚年的马尔克斯，老年痴呆了，但依旧在台风中心。那些枯树，永远活在风、雪、飞鸟的心中。它们与时间对峙，不怕老了，亦不怕被摧残了，那桂花香味的少年，早已满目黄愁，你的心是一段段枯木，在天地无猜间，自成一意孤行的风姿。

多么好。

我又来看这些枯木了。那些的枯木不再逢春了，却自成风骨。在心里为枯木画素描，每一笔都老了。像弘一法师晚年的书法，由中年秀雅转向晚年简而清。他的书牍已经字字清正，不食人间烟火，但如枯木一样，天籁一样疏朗清明——没有人比弘一法师更像这枯木。他与天地合一，心神俱老。

这个春天，你站在枯木边，不言不语。你的粉衣与枯木似情人一般。你知道，这个暮春的黄昏必属于你。你独立于时光之外，又在时光之里，与枯木成为唯一的知己。

三角梅

*

*

很晚才知道三角梅。

北方人相比较于南方人而言，见的花少很多。特别是冬天，冬天的北方一片萧条、荒芜，是倪瓒的山水画，那种枯淡与清幽，分明又有着凛冽与寒气。

人到中年才有机会去体味南方的冬天。

几乎有一种贪婪与惊喜。

几乎不相信还是冬天似的——花正艳着，草正绿着，鸟叫得极清脆，那叫声仿佛有颜色，草绿的颜色。而空气中的湿润实在有让人清澈的感觉。浑身充斥着一种绿幽幽的妖气，像喝到一杯纯正的龙井，或者，又听到一段正宗的荀派唱段。

那南方的阴柔之气，像荡漾在书法笔墨中的游丝软缎一样，刹那心惊。

最惊之处，在于屋顶墙内伸出的那一枝枝三角梅。

艳极了。似一个人怒了，发了脾气，完全不管了，不顾了。烈极了，高调看着自己的绽放！三角梅，委实如一个偷欢的女子——半夜跳墙出来，光着脚奔向情人。全然没有端丽的架势——可分明有着赴汤蹈火的动人与烈焰。

在大理、昆明、泉州…… 越往南，三角梅越开得茂盛热烈，赴死似的开着，开了还不容易落，兀自开着——任由别人笑它痴笑它傻，就那样拼命地开着。

二〇一二年十二月二十八日，在泉州师院有一场讲座，我漫步于泉州师院，到处是这盛开的三角梅、羊蹄甲。有时是在白墙下，闻着花香，一句话也不想说，好像哪句话都是多余的，就这样痴情地与花缠绵吧！多好啊！这一场相约！多香呀！这一场倾城！

师院团委书记傅老师是地道的泉州人。他带我去他家里，泉州南安乡下。那天晚上正好是菩萨的生日，家家户户都要请客。

傅老师家也不例外。宽敞的大院子，闽南风格的建筑——砖是闽南红，房顶正中有雕塑，两只凤凰似要飞起来，凤凰上面是一只雄鹰。雕塑右边是穆桂英骑着战马，左边是秦叔宝提刀跨鞍……只感觉有魏晋之风。月亮挂在树梢上，又大又圆又亮，分外动人。

傅老师的父亲喜欢种花养草，屋外有三角梅，馥郁芬芳。三角梅下支着大锅，里面煮着羊肉汤……那汤的香气和三角梅的香气混合在一起，分外动人。

傅老师介绍着房子：一九七五年建的，一九八六年建成，一共建了十多年。你看，这些图案都是用红砖一块一块磨出来拼成的……我摸着那些红砖，它们光滑、生动、朴素、自然……福建的红土被烧制成这些结实的红砖，一栋栋老建筑分外简洁、明快，像马蒂斯的画，色彩那样饱满。门上贴着对联：天增岁月人增寿，春满乾坤福满门。横批上贴着：版竹传家。我问傅老师："这是什么意思？"他说："这是我们的姓氏，我们从中原来，门上挂着版竹传家的全是中原姓傅的。"

屋子里供奉着祖先牌位。傅老师跪下磕头，有虔诚的眼神和动人的面容。坐在三角梅树下吃饭——一桌子闽菜，海鲜的做法亦是生动，牡蛎用鸡蛋炒了，虾用清水煮了，有一朵三角梅落在煮好的白萝卜排骨汤里。偶尔下几滴小雨，是那种缠绵的下雨，并不是要来惊扰，是来添惊喜的——民间的动人之处让花儿的盛开成了一道甜品，不是可有可无。人在花下，菜香在花下，那人仿佛是隔了年代的人，那花亦沾染了古气。

第二天，去清净寺里发呆。那穆斯林的老寺院，因为被火烧成断壁残垣，倒有一种安静清澈的气场。坐在旧石上发呆，看穆斯林文字刻在石碑上，墙外的三角梅，与残破的石头形成鲜明对比——像一个人的内心，既热烈又清冷，热烈时可以灼伤人，清冷时似大寒天气。

在泉州的半月，忽然明白为何弘一法师在泉州待十四年，又为何选择圆寂在泉州，那"悲欣交集"四字其实有交代有说明。陌生街巷，人声嘈杂的闹市。那带着低贱和俗气表情的三角梅会扑啦啦地飞出来——一回头，看到这红红的一簇簇花，心里有再多的悲和怆都会温暖起来。

而在那一回头刹那，你让我如何不动容不落泪呢？我与那些花儿就在南方的街巷里遇见，找寻着那些和我劈面相遇的三角梅，只这片刻相遇，我们都等待了一世。

仙人掌

*

*

看章诒和先生写文章，总感觉沧桑、老辣、酸楚……无论是《伶人往事》还是《往事并不如烟》，心里不是滋味。有一次，看她与贺卫方一起出的书《四手联弹》，她写了一种植物——仙人掌。

心里砰的一声，像被什么击中了，打碎了，却刹那间明白她文章的大气从何而来——一个阳台上种满了仙人掌的女人，饱经了人世沧桑。

她少年时看马连良先生的戏，父亲是高官，出身于书香门第，曾在监狱里待过很多年……这样的女子，心里如何会温暖？她会种荷花养牡丹吗？会养兰花种梅吗？养些仙人掌，这些带刺的、不易死的植物是最好的选择。

人的性情是和植物一脉相通的——娇气的女子养百合花，富贵的人养牡丹，孤傲的人种梅、莲，淡泊的人种菊、竹，心里全是荆棘的人才会种仙人掌。

* *

人的性情是和植物一脉相通的——娇气的女子养百合花，富贵的人养牡丹，孤傲的人种梅、莲，淡泊的人种菊、竹，心里全是荆棘的人才会种仙人掌。

仙人掌是几乎不会死的植物，无论条件多么恶劣。在干燥的沙漠中，在一望无际的草原中，在岩石夹缝间，仙人掌，它都最卑微也最倔强地生存着——它浑身是刺，它戒备森严，它不信任任何人……长这一身刺是为了抵御，更是为了自卫。

我少时顽皮，与伙伴追跑，一不小心扑倒在仙人球上。扎了满手的刺，我用针一根根挑出来，满手的血，那小小的刺，扎在肉里，连心都是揪在一起的。从来，仙人球、仙人掌都是不被看好的植物，甚至有些时候是讨人厌的——去南方，很多人家为了防贼，把高大的仙人掌扎成一排墙……它们高大地站在那里，全是刺，时刻准备扎向谁似的。仙人掌，它充满了敌意与戒备——但这个世界让它心凉心碎。

它是京剧中的言派，一派苍凉，一句“白虎大堂奉了命”唱出来，不由人珠泪滚滚。又是茶中的大麦茶，贫贱而野性十足，一口下去，有底气十足的麦香。

我养了一盆仙人球。有人告诉我，放在电脑旁可以防辐射。长期写作，眼睛极度怕光，我放了很久。突然有一天，仙人球开了一朵小黄花，十分孤傲又十分卑微的样子……我看着这朵小黄花，读着章诒和先生的文字，鼻子酸了——纵然浑身是刺，也要为了这光阴开出花来，哪怕不好看，哪怕人前卑微，人后落泪呀。

我想起晚年的张爱玲。几乎不与任何人来往——她说，“沾着人就沾着脏”。这句话是仙人掌一样的话，都是刺——心里得多凉才能说得出这样的话来呀！没有比仙人掌更难看的植物了，不仅不娇媚，不仅不讨好，反而一身是刺满心傲骨。在遍地是仙人掌的云贵高原，很多农民是嫌弃它的，连种花的人都少种仙人掌，可我喜欢仙人掌。

因为它的倔强与固执——裴艳玲先生说，“不以颜色媚于斯”。这是《钟馗》中的一句戏词，裴先生也是仙人掌，浑身是刺，遇到不对眼的人不顺心的事，便会破口大骂，毫不留情面。有人说她是仙人掌，她说：“我只扎狠心的人。”

年纪越大，越较起真来了。我本以为会渐渐圆滑，反倒不是。谈历史书，谈周恩来弥留之际听的是越剧《黛玉葬花》和《宝玉哭灵》，那么绝的曲子。有一次，我去鲁迅笔下的鲁镇，戏台上有一个女子正唱《黛玉葬花》。

冬天，台上只有她，台下只有我，扑鼻心酸。每个人都曾经有一段人生是仙人掌——再不堪、再难过也要活下去。

你知道我写的不是《黛玉葬花》和《宝玉哭灵》。我写的是仙人掌，我写的是人心。

富贵竹

*

*

富贵竹的名字真难听。植物一旦染上富贵就变得矽起来。但富贵竹是清秀的植物，却有个恶俗的名字，就像一个又俊逸又飘幽的白衣男子，却姓钱，又叫二狗子或富贵。富贵竹就担上了这样的恶名。

起初不知它叫富贵竹，大街小巷，总有叫卖这种竹子的人，推着一车这种竹子，一块五一支，十支十五块，卖竹的人说："插到水里就能活……"

果然。

几乎是随意一插。粗糙的瓶子，配上这低贱的竹子——才一块五一支。它一节节向上挺拔着，叶子像绽放的绿色小蛇，生机勃勃的样子。

就这样随意地活了，养过很多花花草草，最终留下来的是这富贵竹。知道它的名字是在一个饭局上。

一个朋友买了十支富贵竹。她说，明天朋友的茶店开张，买些“富贵竹”，吉祥。“它们叫什么？”我惊讶地问。

“富贵竹呀。”

我几乎失望了，些许绝望。这样一支支挺拔秀气的植物，随意插在水中就能活的植物，怎么可以叫富贵竹？就像我不能容忍一个长相英俊的男子姓钱或姓孙。

有一段时间我几乎冷落了它们——因为它的名字。

偏执的处女座。

但一个春天之后，丁香落落，海棠落落，杏花落落，梨花落落……连蔷薇和樱花都黯淡下去了，可是，富贵竹依然如故，一样的姿态，不温不火，从前是那样骄傲，现在如故。从前是那样卑微，现在如故。那一刹那，我站在几支富贵竹面前，感觉自己是势利的——怎么能因为它的名字就冷落了这样倔强地活着的植物呢？

无论春天来不来，它不凑这个热闹。无论冬天来不来，它一意孤行还是这个样子。不沾土，在水中不染尘。这样的植物，有着干净的真气，似信奉宗教的素食主义者。又似一个人久待之后，不喜热闹了，就这样活着，以一贯的姿态——花红柳绿，与我何干呢？

曾认识一位朋友，几乎与世隔绝地活着。朋友三三两两，练练书法，看看古书，弹弹古琴——几乎从不施脂粉。她亦有俗气的名字，叫红艳。世上有多少如红艳一样的女子呢？有千万人叫红艳，但只有一人，如富贵竹一样，花开花落，宠辱皆不惊。她穿着自己缝的汉服，游走在自己的时间之中。一个不用电话、不用电脑的女子。

每每想起富贵竹的秉性，就会想起她。世上的人，总有一种植物就是自己前世的化身。有人是那热烈的花，有人是那绿幽幽、孤单的、绿色的不开花的植物，而我是野草，我想我是野草，野火烧不尽，春风吹又生。

后来我养了很多富贵竹，几乎每个粗糙或精致的瓶子中都有富贵竹，特别是从一个家居店中淘得一个蓝色的近乎和水晶一样的蓝瓶子，那竹忽然也变得不一样了。

那一刹那，我不仅原谅了它叫富贵竹，还觉得“富贵”二字如此温暖——人到一定年龄，慢慢往回收的时候，是会喜欢又富又贵、又吉又利的事物，还是一种回收。只有富贵，才能让人活得从容、无忧，并且有闲情雅致，从容于那些更闲情雅致的事情。

T有时管我叫王二美，有时叫王富贵，这两个名字我都爱听。算命先生说我是大富大贵的人，我也爱听，就像我喜欢富贵竹，并且连它的名字也欢喜上了——中年以后，就富贵吧。

古画

*

*

真的。有时候想想，喜欢古画主要是喜欢那些旧光阴吧？

那惹了许多风雨、沾了许多烟霞的古画，曾经多少人在它面前赞美、叹息、落泪？曾经多少人用手触摸过？多少人在青灯前大雪后在上面题了字钤了印？

古画是冷雪古寺中的美人，是卷了一身光阴的老书生，是结了无情游的孤鸟，还是落在眉宇间的胭脂泪，虽然旧了残了破了，虽然成了一座荒城，但展卷的刹那足以动容。

古画有一种颓迷的气场——大雪纷飞的夜里，一个人独坐。那古画中的人儿亦独坐，房前屋后松枝落了满地，书童睡了，桌上散落棋子三两，他卧于松下，听松花落……那绢或宣纸上的人儿依然活着，时光成了尸骸，但那份气息缠绕在谁的颈上，竟然这样泣不成声了——那个听松花落的人是我，是我啊！或者，那江边听雪的人是我，那渔舟唱晚的人是我，那在风中吹箫的人是我，那在黑暗中大雪纷飞的人是我……我不分男女，我没有年龄，我在古画中站了一千年。

古画有鬼气，那里面的树成了树精，更苍劲更拙朴了。那里面的人枯坐成了仙，千年来容颜不老。那里面的茶不曾凉、棋还没有下完，那里面的雪一直簌簌地下啊下。

古画因了这些气息，看一眼便是银瓶乍破，但又不动声色中闻惊雷，你听得见在风里笑，闻得见花儿雨中哭，那槐花香啊，那些诡异的说不出的气场啊，分明是黄公望在画着富春山，沈周在描摹山水、倪瓒在听雪，王维在月下痴禅……

古画亦有暮气。感谢时光吧，一点点把当年的新画染黄染旧，那颜色恰恰是刚刚好的沧与桑。但古画又是赤子，一把沧海仍旧朴素动人，不哗众取宠，不媚不俗，而那富贵的牡丹，亦有不一样的从容。

观古画的晚上，可放古琴曲。最好是管平湖的《少年子弟江湖老》。再燃一柱莲花香，你与古画合二为一，你惊喜地落泪，你黯然销魂了。此时无计可消除了。古画成了你的知己、情人、亲人。你刹那明了为何吴洪裕要把《富春山居图》一把火烧了陪葬。

来吧，古画，不浪费每一秒，一起去死吧。死于时光之箭。这样的夜晚，你只能独自享受那份沸腾的孤独。

某一日，我听九十岁的俞振飞唱《游园惊梦》，只觉得人心都碎了，人声俱老。又一日听裴艳玲六十七岁唱《翠屏山》，依然那样高亢，但毕竟是老了——他们是古画，光阴里泡泡、血水里滚滚、泪水里蹚蹚，才有了味儿，有了断肠感。

我与母亲要了一床旧被子。被面是蓝孔雀，老了旧了，蓝孔雀“死”在了上面。那被子是外婆活着时候一针一线做的，外婆离世有二十年了，被面都麻了，有些地方有了残破——但它残破得这样动人，我都舍不得了。

就像喜欢那些古画，有时甚至舍不得看了。因为看了会心疼——那些说不清的心疼就是古画的迷人之处，她是一个迟暮美人，因为迟暮，更多了无限的诱惑与魅力。

其实古画亦是孤独的男子，一直期待有人懂他赏他，这个人不分性别，或者只是一株植物，相看两不厌。那独坐于孤舟上的老翁看似不动声色，内心却已波澜起伏——这一生，谁不愿意被懂浸泡着？

不忘初心。那古画记得画它的人如何用了情用了真，所以，在漫长的千年，它不过是在用孤独等待一个人来再念初心。

哦，在相遇的刹那，各自展开人书俱老的笑容。原来，原来已经过了千年啊！

风物

*
*

“风物”两个字有气。一说出来就动人了。立刻会想到那些有风情有情调有景致的东西。或者想到日本——那个国度的气息有简洁干净的美，朴素低调却又有致命的吸引力。

樱花、木屋、雪国、千纸鹤。草不着色、纸不印花、木不上漆，淘来的日本小柜子，简单到一丝纹饰亦没有，那小小柜子有着地老天荒的朴素。

八大山人的册页中有风物，桃子、荔枝、石榴……寥寥几笔，俱是风物神姿。那亦是其姿态——孤洁高寒。齐白石也画风物，却是民间的情怀，每一寸都是活生生的。白石老人大抵知道这一切本是俗物，放在生活和日常中才能彰显它们的性格和命数。

侯孝贤的电影《海上花》，长三书寓里的风物更迷人——昏黄的老灯、老丝绸、老家具上的暗花，笛子、酒杯、歌声……这也是风物，懂得情调的人，自会把一切安排得妥帖。

野地中采来的小野菊、望日莲、荷叶、枯枝，插在那些破旧的瓶子中，或者残缺的瓦罐里，有着相互映照的美。

父母住的小院总会长出野花。晚饭花最盛，还长了一棵桃树。母亲说明年就能结桃了。母亲的侠义倒像民国时的人，又长了一张天圆地方的脸，笑起来似弥勒，七十岁了仍然风风火火，自己烧菜煮粥做饭，牙齿一颗不少。她蒸的包子个头大，摆在盘子里占满了，又要客人多吃，那小屋里满是笑声与热情。盆子里装着西红柿、沙果、苹果，母亲切了西瓜，召唤着大家吃啊吃啊……这样的情义附在那些瓜果蔬菜里，都有动人的光泽了。

我喜欢淘东西，隔三岔五去吕家营、高碑店、观音堂，那里贩卖旧家具、旧古董。

陶瓷做的石凳。上面是缠枝莲的图案，用来盛米的“斗”，古旧敦厚。买了三个，每个只要八十元。雕龙图案的大柜子，可以放很多衣服，那龙像要飞起来，又因为旧，阳光打在上面时，像前生用过的物件。

我对风物的痴迷几乎到了耽美的程度。喝水的杯子是景德镇瓷，暗淡的汝窑。用来沏茶的是日本铁壶，日本的铁艺精致得让人动容。茶杯是中国台湾晓芳窑。整个下午，可以在这些茶器中留恋。

又有一些黑胶唱片。郭颂的歌、豫剧、河北梆子、评剧、意大利歌剧。

这些笨拙的黑胶唱片有着动人的朴素之美，声音是难能可贵的清澈。

人至中年，对于朴素清简的风物有了依赖和痴迷。那些繁琐的、富丽的，犹如我对牡丹的态度。很多人去洛阳看牡丹，从来没有生出过那样心思。几株枯枝、一枝瘦梅足以吸引我。

常常写字的红大方桌上，放着三枝枯了的莲蓬，蓝印花布的杯垫，一块朴素的小石头，里面种了一枝绿萝，还有一盏马灯——从旧货市场上淘来的。身后是老衣柜，唱机里放着黑胶唱片。

黄昏的时候，我亲手去摘院子里的蔬菜、花朵，并且亲手种下樱花树、玉兰，等待春天来时，它们在窗前绽放。

*

*

弄晴时 * 光阴知味

春风秋月多少事，一杯清茶赋予它。有事无事吃茶去，繁花不惊，长日清淡，赏心两三，唯有伊人独自。有浅茶一盏，门前玉兰开了，头一低，看到杯中伊人，各自都是生命的日常与欢喜，足矣。

最是日常动人处

*
*

我喜欢“日常”这两个字。一点也不浮躁，特别脚踏实地。

开始的时候，我们都喜欢有情调的，喜欢那日子上的一点点粉红或苍绿，可是，终于有一天，我们会喜欢日常。

日常，多好呀！

早晨起来，清水洗尘，骑车去上班。路上吃早点，也许就是两根油条或者一个烧饼，很匆匆。

日常还是，苏州山塘街的老街巷里，各式各样的老摊子摆在狭窄逼仄的巷子里。有人挑着喜蛋沿街叫卖，刚下过雨的青石板上有水洼，服装店紧挨着鸡店，一枝桃花开在苏州人低矮的窗口。近前去闻，有酱汁肉的香味。那对卖古玩的老人说，他们会在清明前后炖酱汁肉，好吃极了。

为了证明是真的好吃，他们用筷子挑起极大的一块酱汁肉，然后让我吃。

我没有客气，吃了一大块酱汁肉。那和北方肉显然是味道不一样了，有一点点的粉。是的，粉，加了很多糖。但明显和东坡肉不一样，很大的一块，香极了，好看极了。颜色不黑，也不红，是那种稍微粉的颜色。他们还穿着厚衣服，因为下了雨，用苏州话和我说着苏州。我听不太懂，可就是喜欢听。我喜欢这样的日常生活。波澜不惊，小桥流水。

街道乱哄哄的。我喜欢这种乱哄哄，一点也不洋气。充满了底层的那种平淡和乐趣，这是真实的生活，非常鲜活，不，一点也不浪漫。虽然依傍着小桥流水，那是诗人或旅游者的小桥流水。他们的生活是这样积极、生动，看似秩序混乱，其实非常安定。每个人都在忙着自己的事情——卖鲜笋的，一块五一斤，梁姐每每路过都会慨叹，这个热爱厨房的女人多么喜欢这些肥美的鲜笋呀，那是北方所没有的。

鲜嫩的小葱，绿的，几根捆在一起，很"苏州"地躺倒在湿润的地上。

卖肉的挂着更为新鲜的猪肉，油菜心被盛放在编织袋里。也有女人守着十几只咸鸭蛋。还有腊肉、辣椒、草帽饼、新鲜的芒果……我每到一个城市，愿意去逛它的菜市场。成都的菜市场太干净了，连菜摆列得都那样让人有疏离感。我还是喜欢苏州的老街市。生动的乱，那种混乱是生活的、家常的，喧哗着，鲜活着，却又和小桥流水相辅相成。

真正的艺术都是生活。

老街上铺子一家挨着一家。这家是卖酱菜的，红色的豆酱看起来十分有食欲，还有酸豆角，味道很正宗。隔壁是一个茶馆，几个穿着脏兮兮的人在喝茶。大阿二生煎包在街的中央，老苏州人说这家最正宗。五块钱八个，外焦里嫩，牛肉新鲜。杂货铺和水果店夹杂其中，烤鸭店的生意非常火。

也有老理发店，像贾樟柯的电影。只有一把老椅子，可以放倒的那种。二十世纪三十年代的那种。因为旧，都生了锈。很实。油乎乎的剃头推子，破镜子上有很厚的灰尘。我很多年没有见过这种老理发馆了，老到以为是上个世纪的事情了。不，比上个世纪还要久远。

L要洗个头，他走出来，矮而胖。白大褂上有很多补丁，我疑心他穿了一辈子。同样脏乎乎的，这和我的生活是大相径庭的。我住的城市，门口有个爱维丽，我总是去二楼剪发，从前四十块，现在六十八块。剪一次头发要六十八块。洋气明亮的装修，很现代——但与我隔着什么。

他说："我只给男人剃头剪发。"送上门的洗头生意他都不做，很懒散，眼神也是无所谓的。

小屋只有几平方米，里面是做饭的地方，墙皮都掉了。椅子旧得要散架似的，木头桌子上一片狼藉地摆着各种理发东西，场面破落，带着些凄凉的喜悦味道。整个小屋像是怀斯的油画，有种淡然的凄楚。

我喜欢这种味道。

我拍了一张照片放在了博客上。有人说，这个老人真是行为艺术家。

我反对这种说法。那些自命清高的人，怎么会懂得生活的艺术才是真正的艺术？这些街巷、三轮车夫、叫喊的小贩、喝茶的人、卖假冒陶瓷的人……

比那些自以为过着高档生活的人不知要幸福多少呢！都市里的一些人一掷万金，却可能没有快乐，没有激情，没有灵魂。他们住在几万块钱一平方米的房子里，可是，生活那么空洞，那么虚无。

我在这条街上游荡了很多天，和很多老人成了朋友。我听不懂他们讲话，他们讲老苏州话，不会讲普通话。听不懂有什么关系呢？他们讲得很认真，吴侬软语仍然是动听的，虽然他们的声音也老了。

窗外的桃花和玉兰开得正艳，我拿了一个白瓷碗，撮了一点茶叶，然后沏上一杯。

这样的下午是用来“浪费”的。

我们就这样在春天发着呆。

茶就是这样，此时此刻，对我的口味就好。我问他们喝的茶叶的价钱，他们说，十块钱。我笑了。茶叶的味道和心情有关呀，对我的口味，喝得神清气爽了，口有余香了，就是好茶。如果心情不佳，喝价值千金的茶，也是树叶。——这多像爱情，一眼看上去，喜欢了，上刀山下火海也值了；不喜欢，你给我命，我也觉得你贱气。

日常的动人还在于它的重复。每天复制着每天，不会有太大的改变——卖水盆的，卖青菜的，有个姑娘蹲着洗头，好像用的是皂角。有人在生炉子，火苗极高，在小巷中有了鬼魅之气。有人在喊孩子回家吃饭。老中药店，名字非常动人。

再过去，是一家人在外面吃饭，菜有三四个，用的是粗糙的碗。还有卖烛台的，破纸片上写着“修汤婆子”，这四个字真生动。我疑心是烛台，像鲁迅笔下的故乡。

陆文夫是苏州人。他写过《美食家》，看得我流口水。其实他写的也是日常的苏州。

就像我去平江路上排队买烧饼吃。

两年前我来苏州，那里整天排着长队，从早到晚。

一年前我来苏州，那里整天排着长队，从早到晚。

现在我来苏州，仍然是这样，长队还在排着，从早到晚。

生意做到这个份儿上，真是欢喜。

烧饼叫王氏林记烧饼。用木炭烤出的，用上等面粉猪油、上等脱皮芝麻……有个小伙子说："我奶奶九十岁了，不爱吃别的东西，就爱吃这家的烧饼。我儿子得了厌食症也爱吃，他每次要买五十个。"

所以，一般要吃上这家烧饼，你最好排出两个小时的排队时间。

我总是戴着耳机，一边听昆曲，一边在苏州的平江路上排队买烧饼吃。

这是最美的日常生活，心怎么养，心到底是什么？光阴之物到底是什么？这是我从前追问的问题。

现在有答案了。

无量悲欣

*

*

弘一法师在福建泉州圆寂前，写下“悲欣交集”四字，字字骨力。早已无法用书法来定度来横夺，他连人书俱老都不要了。

大师林风眠，那个八岁拿着菜刀去救母亲的孩子——因母亲私通要被族人处死，头发上淋了油，然后即用火点着，他拿了菜刀冲进人群救下母亲。那八岁的悲欣与交集。

晚年，他客居上海，闻知傅雷夫妻双双殉梁自尽，他把自己珍藏了多年画作扔进浴缸，用水泡软，然后再淘成纸浆——那是他毕生之心血，比之当年他从重庆再回杭州艺专，看到自己越过千山万水从国外带来的油画被日本人用马蹄踏，他的心更痛。无所谓悲欣矣。他把纸浆一勺勺舀到马桶里，然后摁下开关，冲入下水道。那一刻决绝与麻木，绝望与凄凉，已跌入无量悲欣。这是“文革”时期，林风眠心如枯木。

晚年他移居香港，再没回来。这个二十多岁被蔡元培任命为国立北平艺专校长的天才画家，一生颠沛流离，我常常在西湖边他的旧居里发呆，那个隐藏于山水树木间的二居小楼里悬挂着他的画、穿过的毛衣、躺过的床、用过的画案。他在风中睡着了，他是风中的小鸟。

少时，我听林徽因、徐志摩、陆小曼的故事。只当是一场风花雪月的事。好事者写林徽因传，或拍电视剧《人间四月天》，均是拍的情事，于今来看，格局甚小。

回头再看，不再叹志摩三十六岁命丧黄泉——他早死早托生矣。

晚年陆小曼，牙齿掉光，头发落半。当年的绝世佳人沦落到用蝇头小楷抄写《矛盾论》，岁末被评为“三八红旗手”，她画画写新生：年底更识荒寒味，写到湖山总寂寥。她二十九岁之后的生命毫无意义，残喘到支离破碎。人世间冷眼悲欣尝尽，天注定。

从前对林徽因的认识颇曲解，自以为要活到任性如陆小曼敢爱敢恨。但中年后愈发欣赏林徽因——坚韧饱满，如一粒坚果，生机盎然却又凛凛飒飒。徽因先生，我懂你晚矣。

是她出于对建筑的挚爱怂恿梁思成去学建筑。是她，在抗战时期，与梁思成坐着驴车走遍中国万水千山，一百八十多个县，八千多处古迹——头上是日本飞机轰炸，脚下是被焚火的横尸遍野。他们测量、绘图，在长途跋涉中，梁思成牙齿掉光，林徽因患了肺结核。

在李庄，儿子梁从诫问林先生：妈，日本人打进李庄怎么办？林先生掷地有声：投江呀。一个风花雪月的女人怎么能有这样的赤子之心？坐驴车、用脚量，他们画出了中国第一本古建筑的图案，还有珍贵万分的测绘数据。

当那些图纸被洪水浸泡时，他们痛哭失声。老城墙被拆。梁思成扑过去号啕：五十年后你们会后悔，会知道错了，因为真理在我手上。林徽因拖着残病之躯去求：你们拆的是八百年留下来的真古董，以后再建亦是老古董……北风在号，他们在呼喊。没有人听。新中国建设如火如荼，林徽因走了。梁思成亲自为爱妻设计墓碑——这一生的风雨才是执子之手。年轻时的任性和风花雪月，如何能与赤子情怀相提并论？

梁思成晚年，正值“文革”时期，他没有欣，只有悲。他挂了黑牌子才允许出门，那上面写着：反动权威。他被领导红头文件批示：又老又没用，可以当反面典型。在最后的光阴，他只字不写，只闭目——他懒得再看这世界一眼，连无量悲欣都嫌多余。

年轻的马尔克斯在火车上读福克纳《八月之光》，赞叹不已，多年后写下传世之作《百年孤独》。晚年马尔克斯得了老年痴呆，家中物件俱贴上标签方才认得，标签上写上物品名称、用途。他不自知凄凉满怀，却早已凄凉满怀。

夜读孙犁《老荒集》，真是又老又荒。在给贾平凹的信中，他写道：今年天津奇热，我有一个多月没有拿过笔了。老年人，既怕冷又怕热……那是一九八三年七月三十一日，那时贾平凹刚在中国文坛崭露头角。他告诉贾平凹：写些日常生活中的人和事。在《吴趼人研究资料》中，他只写了一句话：此书字太小，不能读也。我也已目力不及，感同身受，字太小便不读。

年轻时，孙犁这样想：我一定老死故乡，不会流落外地的。但他终于离开了，再也没有回去。

日子是素色光芒的，岁月收了它锋芒的同时也把味道随手赠了。

* *

T跟了我几年，见了世面，仍然朴素干净。一日看纪录片《舌尖上的中国》，演到山西面食，她泣不成声。我每见山西二字亦想到她的阳泉。甚至听到山西话也格外亲。她亦不知道我每每写她、她的母亲、H，四人闲聊、吃饭、喝茶时，已是捧着银碗盛雪时光，珍贵得连痕迹都美。

乡下表妹仍在杀猪，每日五点起来杀猪。她说，“我听到猪的号叫便心疼”，但她育有二子，要上学、吃饭、花钱。她只能杀猪，只会杀猪。

暮春时节，随母亲扫墓回娘家。母亲思念外婆，每忆便涕泪，有一段时间眼睛都不好了。这次回去看了二舅母，她更瘦了，穿了去年旧衣，照看着四个年幼孩子，还要忙活家里的农活儿，眉目间少有欢喜。母亲塞给她钱，她便蒸了手工纯碱馒头，又炸了许多油饼让我们带着，那自然是民间仍有的质朴情义。母亲说接她城里住几天，她说可不行，四个孙子没人看，地里的杏花也该嫁接授粉了……似水光阴中，没有惊天动地，皆是无量之悲欣。

林语堂客居美国三十年。晚年，他定居台湾，在阳明山上看着他的家乡漳州方向，老泪纵横。那时正“文革”，他家园不能归，只有望乡泪潸然。翻看《生活的艺术》和《苏东坡传》，想与这些老人秉烛夜谈。

一日，父亲跟母亲说：“你若有一天离去，我不哭，拉二胡曲给你听。”母亲便生气，说父亲心里没她。父亲读《庄子》多，知道庄子丧妻后击鼓而歌，生命的逝去原是天地自然。祖父去世，父亲便不哭，也拉二胡曲。众人皆笑他痴，我却明了父亲的心。

春日，一个人行走风中。见众人皆碌碌。二大街上的饭店关了旧的又开新的，桃花、杏花皆已落尽。修车的师傅满手的油在忙碌，水果摊小贩仍旧给的分量不足。胖姐的蔬菜店还那么热闹，聚众在那聊天的人有闲茶喝。

院落春秋

*

*

我去菜市场买了块猪肉。肥的熬了猪油，炒菜有植物油没有的厚香。瘦的剁了馅包饺子。今春的荠菜正鲜，我买了二斤，用热水过了，然后一个一个包起饺子来。

院落两个字很中国。仿佛五千年的历史中，落脚点就是应该有个院落的。

唯美的中国元素，一定要有院落。——凄清的早春，推开厚重的门，有鸡有鹅有花鸟。房前种花，房后种菜。

院落承担着一种心思，是踏实，是肯定，也是温暖。

《爱有来生》中，那女主人一进那个院落，看到老房子和银杏树时，她安静地发了会儿呆。她说："我再也不想走了。"

南方院落更精致，门口永远是狭窄的，小到以为是小门小户，进去之后却是别有洞天。以苏州留园、同里退思园、胡雪岩故居为例，都是如此。徽州院落有阴气，却怀了别样的情调。也是粉墙黛瓦，却和江南的院落有不同。马头墙和四水归堂的天井里，总把思绪压到最底。——情感和性都是压抑的。又美到窒息，连想私奔都是邪恶的念头。而苏州的院落因为有了昆曲的情调，又曲折又婉转，留下许多想象空间。每念及苏州园林，总是会想象当年的男子如何在后花园中和自己喜欢的女人缠绵。

北方院落有天方地阔的开朗，不明媚，但郑重其事。从正门就开始壮阔起来。里面好坏先不说，门一定要气派。门楼建得越高，仿佛底气越足，这是南北差别。

北京四合院，其实也是北方人的梦想——团团围紧了，密不透风。四面都有院落。心里可真踏实。透过窗，可以观察春夏秋冬，也可以看人间冷暖。我更倾向于南方的院落，一进一进的。很递进，就很深入，就更私密。北方的院落之开阔，毫无隐私可言。

如果住到三进之后的南方院落里，会是什么样的幽然思绪？

忽然想起林黛玉。

姑苏女子，怎么能忍这早春的寒？梅才开了，一夜风雨又落了。北方的花必然是开盛了才落。可姑苏的花，来不及盛开，一场早春冷雨，纷纷落了个缤纷。在院落里，她如何葬花？如何悲泣？如何与蝴蝶低语？

院落里的时间是流动的，从你的身上流到他的身上。留园几易其主，仍然保持着院落的美——诗意，典雅，黯然销魂。玉兰依然优雅地开着。揖峰轩依然清幽宁静，西窗下琴弦低转暗流。五峰仙馆似有旧人知己在品茗观戏。只有院落有这样的雅意，看似封闭，实则开阔。——很符合中国人做人的方式，外圆内方，外化而内不化。

在“还我读书斋”读一会儿宋词，时光就这样淡然流走。时光是慢的，甚至是多余的。那些梅花开得也正好，映在粉墙上，有一种说不出的颓艳。远处有人在唱戏，缓慢的声音像是在浇花似的。流到院落里四处都是，又被水吸走了。

中国人还习惯了在心里建一个院落。

自己住着，房门锁得很紧，不会轻易打开，也不会让人四处打探这个院落。

也许有人会走进第一道门。可是，走进第二进门的人就少了。第三进门就更少了。到最后一进，根本就没人了。自己也不行。自己最不了解自己。

院落是个多么深幽的意象。镶嵌在光阴里。

什么都老了。光阴也老了，院落也老了，老了也把自己的最后一道门的钥匙捏得紧紧的。前厅你们看过了，就是这样的。繁花似锦，或者，芳草萋萋。最深的那个院落，紧紧地闭着。生怕被打开。或者，从来不想被打开。怕吓到谁。首先怕吓到自己。

“彼美淑姬，可与晤歌。”诗经中《东门之池》曾经这样赞美着。谁能懂得谁？谁都有一个自己的院落，或者独住，或者呼朋唤友。

我喜欢独住。

在苏州，早春二月，来写作。住在明涵堂的院落里，几百年的老房子。

院子中只有我一个人，院内有芭蕉，木椅、竹、铁线蕨……

二进门。

头道木门很老，厚而黑。

推开时，有光阴厚重的声音。特别是深夜，有一种鬼气。院子里只有我一个人，灯光是昏黄的。下雨的黄昏，我总是坐在二进门的老椅子上发呆。手边一本翻旧的书，桌上一杯快凉的茶。

我住的屋子铺满了青砖。我喜欢青砖散发出的气息，很旧，很凉，味道久远。像一个故人，很体已的样子。

窗是百年前的老木窗，一张老式木桌子。我坐在昏黄的台灯下写着一些文字，断断续续。有时会坐在窗前发呆。外面仍然是粉墙黛瓦。

还有不停路过的旅游团队。出门左转是一条青石板小巷，十多米右转就是七里山塘老街。那些游人是来看这条老街的，完全被商业化的老街。我总是到老街的对面去。对面是苏州的日常人家，仿佛还是明清时代，居然还有以货易货的。

院落里只有我一个人。

旅社的老板几次说给我调房间，住到南边的二楼去。他怕我害怕。“不不，”我说，“不了。”

我喜欢这一个人的院落。

只有我一个人。

守着几百年的光阴。在黑的夜里，听着雨打芭蕉。分不清过去的光阴与现在的有什么不同。也许真的没有什么不同。独自沉溺于这种孤寂的幽静——缘于我对院落的一种梦想。

院落，是静的，小众。

老了，应该有个院落，关起门来，听他唱戏写字……和他坐在法桐树下发呆。院落里有安静的气息，有缠绵的味道，安于时光打发的寂寂寥寥。院落可以收容一颗老心，就这样平静了，就这样收敛了光芒，和院落一起沉溺于平淡。

院落，是大气的。它独自于群体之外，是自己的，只属于自己，把自己的个性附粘于这些院落——每个人的院落都不一样。固守自己的小小院落，种一棵桢楠树，一些相思苗，养几只小鸽子小鸡……或者什么也不做，只在院落里发发呆，就够了。

就像此时的我，坐在苏州的院落里发呆。

这是黑夜，星光下，我搬了把椅子坐在院子里。我手里有一杯大红袍，将凉未凉。我手里捧着这杯茶，慢慢地饮了下去。

一种闲散而鬼魅的气息弥漫上来。

上午在山塘老街花了五块钱买了一盆叶子花，在黑夜里开得喜气洋洋。我看着它，笑了。

空气中传来吱哑的一声。

院落里，是谁敲开了我的门？

梨园戏

*

*

我喜欢梨园戏。非常喜欢，喜欢到骨子里的那种喜欢。像尝遍千种美味走过千山万水，蓦然回首，梨园戏在灯火阑珊处。

一个人喜欢一个东西一种物质或者一个人，一定是和她有种契合之处。我想，梨园戏就是这样。有人问我梨园戏的特点，我说：“媚而不妖，淫而不荡。”这两句是我的独创。我第一次看梨园戏就想到这八个字，而且越来越证实，梨园戏是我所听过的戏种中最让我心仪的戏曲之一。

如果说京剧是端正正的官派男子，昆曲是婀娜多姿的女子，河北梆子是那撒了野的村妇，越剧是受了气的小媳妇，秦腔是那失了疯的男人……那么梨园戏是一个俏丽的妖媚女人，一举手一投足，全是风情。

记得第一次看梨园戏是如何的惊艳。

三年前的秋天，我被邀请参加中国音乐学院的中国传统音乐节，看了许多从来没有看过的地方戏……那天的主持是音乐人瞿小松，他说起戏曲对于音乐的影响，“如果搞音乐的人不喜欢戏曲，他的音乐就是薄的……”那天我看到很多的戏曲名家：迟小秋、古文月……很多的陌生戏种听起来很是疏离，并无亲近感。

梨园戏出来时，忽然一震。

乐队就那样与众不同。鼓师着白袜，把脚放在鼓上，负责先声夺人。一眼难忘。伴奏乐器有琵琶、洞箫、二弦、三弦、唢呐。打击乐器以鼓、小锣、拍板为主。那吹洞箫的男子仿佛来自南宋一般。这样的乐队，高古之息弥漫，我便呆住，只痴痴地盼主角出来。

她一出来，我便不能呼吸。

那样的妖娆与曼妙呀，我后来说：“她像一个要引诱男人的女鬼，妩艳艳地走了出来……”别人说我哪有夸人像鬼的？其实我是真心在夸呢。王祖贤的《倩女幽魂》无人能超越，她自己也不能超越——美艳幽幽，凄楚动人。

她张了嘴开始唱，那声音——你让我怎么形容呢，我无以形容，只觉得自己被什么击中了，就像少年时听了张火丁，骑着自行车满街去找那张《春闺梦》一样。那是什么样的声音呢？软软的，糯糯的，像缠在丝绸上的气息，那丝绸还是一块老丝绸，散着经年的苍绿味道。

哦，是的，要命的味道。

我转身问身边的戏曲界泰斗：麻烦您告诉我，这是什么戏种？

梨园戏。

她是谁？

曾静萍。

原来，世间所有相遇都是久别重逢。喜欢戏曲的心里，住着一个魔鬼，等着一个叫梨园戏的戏种轻轻地说：芝麻，开门。

从此开始迷恋梨园戏，甚至超过了京剧与昆曲。它的念白是泉州方言，半句听不懂，可是，那么好。

梨园戏，泉州，曾静萍。这是那天留给我的几个关键词。

二〇一二年十二月，泉州师院请我去讲座。几乎没有犹豫半分钟，我说："好。"

其实我怀了去看梨园戏和曾静萍老师的愿望，当然要去。泉州我没有去过，去过的朋友说，民风淳朴，保持了很传统的中原文化。

通过中国戏曲学院的朋友，我联系到了曾静萍老师。

那个电话我永远忘不了。

"是曾老师吗？我是小禅……"

曾老师的声音像女孩子，她当年的出场惊艳了我，我以为她不过是三十岁的女子而已。

我提出让她给我在泉州师院讲座当嘉宾的要求，我知道这要求有些过分，可是我喜欢泉州的南音，更喜欢那妖妖然的梨园戏，它们有一种魔力，吸引着我靠近、再靠近。

她极爽快地答应下来。

初次见到素面的曾静萍老师，有一个朋友说："曾老师生活中看上去就是一个普通的女人，可是一上了台，美死人不要命，而且，永远有那种女孩子的气息。”

素面的曾静萍老师也那么美。她五十岁了，可是，感觉女孩子气息那么真那么朴素——一个女子，如果活到五十岁还有女孩子的气息，那必然是修行了。

她只唱了几句，满场寂静，大家愣了很久才热烈鼓掌。我的朋友梅也跟我去了泉州，她说：“真是美，曾老师有一种朴素的美。”

隔天，曾老师请我与梅去吃饭。十二月的泉州，还是春天似的。我们穿了薄衫即可。泉州是宗教之城，又是海上丝绸之路的起点，曾经的繁荣像一件旧衣披在泉州身上，于是泉州格外有一种热烈的旧民间味道。包括泉州的梨园戏剧园。

曾老师说：“这是全世界唯一的梨园戏剧园，只有这一个。”她说“只有这一个”的时候，声音有些寡寡的——梨园戏八百年历史，比昆曲还要老，所以，那些唱腔、身段、念白就要求更苛刻。很多年轻人不喜欢戏曲，何况是必须要会说泉州话才能学梨园戏。所以，学梨园戏的人越来越少，而唱得好的就更少了。

曾老师二度梅开，却并没有一般戏曲演员的粉腻之气。我接触过的戏曲演员，特别是女演员，那种浅气和薄气写在脸上映在眼里。只有演昆曲的那些女子，还有已经五十岁的曾老师，安静的、贞净的，有一种凛凛之气。

那天是曾老师在食堂请我们，吃的泉州春饼。饼是泉州老街上买来的，我见过做饼的女子，手里拿着一块软极了的面，在热的铁板上轻轻地擦，就是擦，像擦桌子的那种擦。薄薄的一层，像纸一样薄，完全不同于北方的春饼，再裹上各种各样的菜，居然还有海苔，还有花生米……用手卷起来，一口咬下去，看着窗外的青山绿水，十二月的泉州窗外，像福建的富春山居图，安详、恬静。

梅说，这个城市适合来住几个月。我说，那是，逛逛寺庙，吃些泉州美味极了的小吃，再听听梨园戏，榕树下发发呆，好时光就是用来浪费的。

才吃过一小时，曾老师又买来一大锅牛肉汤，她笑着说："春饼吃下去好像很饱，但那是假饱，要再吃。"于是再吃。她笑起来更像女孩子，干净的那种笑，动人极了。世界上最动人的美就是干净，曾老师身上有。

离开泉州后一直念念不忘。

念念不忘，必有回响。

曾老师来北京梅兰芳大戏院演《董生与李氏》，我对老友老卢说："去看，一定得去看。"他其实抱着犹豫的态度去看了这出戏，那天还有梅和老曹，戏演完了，老卢说："真好。真好。"老曹年轻，当天喝了点酒，火气大性子烈，冲着台上狂热地喊："曾静萍，我爱你！我爱你！"她真性情，爱上什么都把命搭上似的，我也想嚷，但我没有。我知道过了这种年龄，至少心是老的了。

那天晚上与曾老师吃宵夜，卸了装的她依然那么安静的美。让我想起倪瓒的画，有点寂寂，可是，寂得那样脱俗。特别是她笑起来，没有年龄似的。我曾经在一篇旧文中说过：一个人，如果活到没有年龄亦没有性别，其实是境界。

也许是梨园戏赋予了她这些气质——一个人所选择的职业基本上决定了她的气息。梨园戏在本质上还是老派的那种范儿：有多老有就多前卫……我仍然听不懂泉州方言，但我记得泉州人的诚恳、热忱，记得泉州民风古朴，记得南关的大肉粽子、老街的姜母鸭、小巷里的老把式瓦罐……我最记得的，当然是梨园戏。

如果这一生，你一定要听一出戏，那么，就选梨园戏吧。

* *

灵魂的惊蛰更美。总有一个刹那，突然被惊醒，看见另一个自己。在渐渐修行的过程中，把所有一切看成时光所赐，慈悲喜舍，自渡彼岸。在无量悲欣中，赏那一炉雪，寻那一枝花。

茶可道

*

*

禅茶一味，其实说的是茶可道。

说来我喝茶极晚。我想这缘于家庭影响，父亲只喝茉莉花茶和高沫。母亲常年只喝白水。我少时是猛浪之人，上体育课渴了，便跑到自来水龙头下一顿痛饮，那时好多女生亦如此，倒有脚踏实地的朴素温暖。

有野气的人日子过得逼真亲切，那清冽冽的凉水回甘清甜，自喉咙流到胃里，真是凉。少年不觉得，热气腾腾的血性很快平息了那凉。那个镜头，竟是再也不忘。少年时不自知，亦不怜惜自己，反倒是那不怜惜，让人觉得亲切、自然、不矫情。

上大学亦不喝茶。一杯热水捧在手里，或者可乐、雪碧、啤酒。我一向拿啤酒当饮料喝，并不觉得醉，只觉得撑，一趟趟上卫生间。几乎没人仰马翻的时候，也不上瘾。但后来，茶让我上了瘾。特别是去了泉州之后，我每日早起，每每泡了早茶才开始工作。空腹喝清茶，就一个人。大红袍、绿茶、白茶、普洱……但以绿茶居多。早上喝普洱容易醉，茶亦醉人。

泉州真好，那么安宁的小城，风物与人情都那么让人满足。泉州有一种自足的气场——刺桐花开的老街上，不慌不忙的人们，特色小吃多如牛毛。散淡的阳光下，到处是茶客。丰俭由己。有时是紫檀红木，有时是粗木简杯。

没见过比福建人更喜茶的了。泉州人似乎尤甚。早晨起来第一件事便是喝茶，与朋友谈事仍然要喝茶。从早喝到晚，茶养了胃，更养了心，泉州出了梨园戏，骨子里散发出幽情与文化的梨园戏，就着新茶，最好是喝铁观音，美到惊天动地了。

我是从泉州回来才早晨喝茶的，这一场茶事，应情应景，烦躁的心情会随着一杯茶清淡下来。早晨的心情因为有了茶香便有了慵懒，粗布衣服，素面，光脚走在地板上。有时盘腿坐在三十块钱淘来的蒲草垫子上。

打开收音机，放一段老唱段，然后一杯杯喝下去。我的茶事从一开始就是老境，因为人至中年才如此迷恋茶，像老房子失火，没有救药——茶是用心来品的，没有心境，再好的茶亦是枉然了。

起初我喝绿茶。龙井、碧螺春、台湾高山茶。龙井是名仕，明前茶用透明高杯沏了，宛如一场翠绿的舞蹈，那养眼的瞬间，却又伴着无以言表的灿香。那是只有龙井才有的大气的香。又清冽又妩媚，像那个养育它的城——那放纵又收敛的书生之城。它裹了江南的烟雨妩媚，却又掺了风萧萧易水寒，杭州城的大方不是其他城市所能比——能不忆杭州？而我忆它最好的方式是泡一杯今年的新茶，看着小叶子一片片立起来，清清澈澈间，全是迷人的清气。龙井，是“仕气”味道极好的绿茶。

碧螺春的传说有关爱情。情爱到底是薄而浅的东西——有时，它竟不如一杯碧螺春来得真实，它另一个名字怪可爱——“吓煞人香”。也真吓煞人，香得不真了，但自有别具一格的清润脱俗，它与江南贴心贴肺。

高中同学老胡自保定来看我，带了酱菜，我最喜那瓶雪里蕻，名“春不老”。有一天早晨，“春不老”就着炸馒头片，然后沏了一壶碧螺春。吓煞人的香和“春不老”，凑成一对，倒也成趣，滋味是南辕北辙的。我喜欢得很。

西泠八家之一丁敬有闲章两枚：自在禅，长相思。我亦求人刻了两枚。自在禅要配好茶，而长相思可以放在心里闲情寄美。

我心中的好茶可真多：太平猴魁。哦！这名字，惊天动地的好！像怀素的书法，他披了最狂的袈裟，却有着最宝相庄严的样子，他用自己的样子颠倒众生。我第一次看到太平猴魁时简直惊住了！或许，那是茶本身最朴素的样子，它真像一个高妙的男子，怀素或米芾，人至中年，却又保存着少年天真。那身材的魁伟，前不见古人，后不见来者。那滂沱之相，那清猛之气，一口咽下去，人生不过如此，了得了。

六安瓜片亦好，但立秋之后，我不再喝绿茶，绿茶寒凉，刮肠胃的油。秋天亦凉，不适合雪上加霜，秋天时，我喝乌龙茶和红茶。

因为杀青不彻底，有了半发酵茶的乌龙茶。我喝得最多的是铁观音和台湾高山茶。但郁达夫说铁观音为茶中柳下惠，我倒爱那非红非绿、略带赭色的酒醉之色，实在是与色或情有几丝联系。有一阵迷上台湾高山茶，喝到快迷上了，那种冷冽冽的香像海棠，我总想起褚遂良的字来，便是这种端丽，高山茶喝了半年换了大红袍。

我顶喜欢“大红袍”这三个字，官架十足，摆明了的骄傲和霸气。男人得很。大红袍是岩茶，乌龙茶的一种。因了闽地的高山雾重阳光寡淡，那岩骨花香生于绝壁之上，以其特有的天姿让人倾倒。翠色袭人，一片沉溺。我喜欢大红袍，那卷卷曲曲一条索肥美壮观清香悠长之外，却又如一张古画，气息分外撩人，但却不动声色。好男人应该不动声不动色，应该是最起伏得道的行书，一下笔便是标杆与楷模，让身后人万劫不复。

顶级大红袍色汤极美，从橙红到明黄，这是醇厚之美，一口下去，荡气回肠，肝肠寸断，简直要哭了。那种醉心的归属感，配得上冬天的一场场雪，没有彻骨清凉，只有温暖如初。

乌龙茶中的水仙和凤凰单枞亦动人，不事张扬的个性，茶盏中的润物细无声。两个名字像姐妹花，总让我想起唱越剧的茅为涛，本是女子，却英气逼人。水仙茶的气质总有逼仄英气，个性里有醇厚和仁心，亦有清香绵延。这茶，可以喝到半醉而书，写下山高水长物象万千，“非有老笔，清壮何穷。”这是李白的诗句，可以配给乌龙茶。

绿茶是妙曼女子，乌龙茶是中年男子，红茶是少妇，普洱是六十岁以后的老男人，白茶是终身不婚的男人或女人。最符合我的，自然是红茶。

小言从斯里兰卡为我带来红茶，我掺了祁红，又放了滇红，然后加上牛奶与核桃仁煮。在冬天的下午，奶香一直飘荡着，都不忍心去干什么事情了。

穿了个白长袍发呆，自己宠爱着自己。

红茶细腻瓷实敦厚，正山小种也好。喝惯了茶，胃被养坏了，沾不得凉。

加奶的茶还有湖南的茯茶，一大块粗砌的茶砖，用刀剁下来，放了盐与花椒，再加上牛奶煮啊煮。M 煮的好喝，她公公煮的更香，我每次都要喝几大碗，那种两块钱一个的大粗碗。坐在她乱七八糟的家里，喝着刚煮好的茯茶，觉得还原了茶原本的气质——茶本就这么随意，本来是这一片片树叶子吗，本就这么衣食父母。何必那么道貌岸然的杯杯盏盏？然后又日日谈什么禅茶一味？真正的禅茶一味，全在这杯粗瓷碗湖南的茯茶中，不装，不做作，直抵茶的本质。

M 一家离开霸州后，我再也没喝过那么好喝的茯茶了。

如果白茶清淡似水，普洱则浓情厚谊了。白茶太淡，无痕真香，总在有意无意间弹破人世间的佛意，但我仍喜普洱。普洱是过尽千帆走遍万水仍然宅心仁厚，仍然表里俱清澈。所有戏，大角必然压大轴。毫无疑问，普洱在我的茶事中必须压大轴。

普洱是颜真卿的字，一直用力地用命来书写，那是神符，那是标度，那是尊重与敬畏，那也是人书俱老。好东西必须直抵性命。

我第一次喝普洱并不觉美妙。只觉被发霉味道袭击，加之凛冽视觉的冲击，那浓汤让人觉得似药。忍着咽下去，那醇厚老实的香气缓慢地升上来——一个好男人的好并不是张扬的。我几乎一瞬间爱上这叫普洱的茶。

第一次沏普洱失败。茶汤分离慢了，汤不隽永了，有了浊气，损了真味。以后沸水鲜汤，把那一饼饼普洱泡得活色生香了。

朋友 R 只喝普洱。他泡普洱是铅华洗尽的淳朴与端然。好普洱让人上瘾。让人上瘾的都难戒，它们慢慢让你熨帖，在冽而酽的茶汤里，做了自己的终南山隐士。

R说，普洱茶可以把人喝厚了。绿茶可以把人喝透亮了，红茶可以把人喝暖了，白茶可以喝清了，乌龙茶把人喝智了。

人生应该越来越厚吧，那一点点苦尽甘来，那步步惊心的韵味，那情到深处的孤独，都需要一杯普洱在手。

春风秋月多少事，一杯清茶赋予它。有事无事吃茶去，繁花不惊，长日清淡，赏心两三，唯有伊人独自。有浅茶一盏，门前玉兰开了，头一低，看到杯中伊人，各自都是生命的日常与欢喜，足矣。

册页晚

*

*

册页，多么空灵的两个字。读出来有氤氲香气。似本来讷言女子，端坐银盆内，忽然张嘴唱了昆曲，她梳了麻花辫子，着了旗袍，她素白白的眼神，有着人世间的好。在她心里，一定有册页，她一页页过着，每一页都风华绝代。

车前子有书《册页晚》，这三个字放在一起更美，是天地动容，大珠小珠落玉盘，魏晋之风。一个晚字，多么寂寥刻骨。

人至中年，所有调子全轻了下来，喜欢守着一堆古书、几方闲章、几张宣纸、一方墨过日子。MP4 里放着的是老戏，钢丝录音的效果裹云夹雪，远离了圆滑世故，是一个人仰着头听槐花落、低着头闻桂花香了。

闲看古画，那些册页真端丽啊。八大山人画荷，每张都孤寂，又画植物，那些南瓜、柿子、葡萄、莼菜……让人心里觉得可亲，像私藏起来的小恋人，总想偷吻一口。

册页是闺中少女，有羞涩端倪。不挂于堂前，亦不华丽丽地摆出来。它等待那千古知己。来了，哦，是他了！不早不晚，就是这一个人。

那千年不遇的机缘！册页，深藏于花红柳绿之后，以黯淡低温的样子有了私自的气息。

多好啊，最好的最私密的东西都应这样小众。

去友家品册页。

极喜他的书法，深得褚遂良真味。那书法之美，不在放纵在收敛，那起落之间似生还熟，有些笨才好，有些老才好，有迟钝更好，最好的书家应该下笔忘形、忘言，浑然天成。

他打开册页刹那，我便倾倒。

那时光被硬生生撕开了，似京胡《夜深沉》最高处，逼仄得几乎要落泪。

行书，柳宗元《永州八记》。

仿佛看见柳宗元穿了长袍在游走，他放歌永州，他种植、读书、吟叹……那册页被墨激活了，每一页都完美到崩溃。我刹那间理解李世民要《兰亭序》殉葬，吴洪裕只想死后一把烧了《富春山居图》，他们爱它们胜过光阴、爱情、瓦舍、华服、美妾……它们融入了自己的魂灵于《兰亭序》和《富春山居图》。

那自暴自弃有时充满了快意。

屋内放着管平湖的古琴声，茶是老白茶。屋顶用一片片木头拼接，像森林，老藤椅上有麻披肩。黄昏的余晖打在册页上。

要开灯吗？

哦，不要。

这黯淡刚刚好。

这水滞墨染，这桃花纷纷然，这风声断、雨声乱，这杜鹃啼血。

车前子说得对，册页晚。

看册页，得有一颗老心。被生活摧残过，枯枝满地、七零八落了。但春又来，生死枯萎之后，枯木逢春。那些出家的僧人，八大、渐江、石涛……他们曾在雨夜古寺有怎样的心境？曾写下、画下多少一生残山剩水的册页？

在翻看他们的册页。看似波澜不惊，内心银屏乍裂——他们的内心都曾那么孤苦无援，只有古寺的冷雨知道吧？只有庭前落花记得吧？

满地黄花堆积，憔悴损，守着窗儿独自怎生得黑？

那册页，有金粉寂寞，簌簌而落，过了千年，仍闻得见寂寞。

他们把那些寂寞装订成册，待千年之后遇见知音把玩，也感慨，也落泪，也在纸磨之间看到悲欢、喜悦、落花、流水、光阴碎片。同时闻到深山古寺流水声、鸟语、花香，那古树下着长衫的古人面前一盘棋，我只愿是他手上那缕风，或者，棋上一粒子。足矣。

那泛黄的册页被多少人视为亲人？徐渭的册页让人心疼。那些花卉是在爱着谁呀？疯了似的，没有节制地狂笑着。它们不管不顾了，它们和徐渭一样，有着滚烫的心，捧在手心里，然后痴心地说：你吃，你吃呀。

本不喜牡丹。牡丹富贵、壮丽，一身俗骨，怎么画怎么写都难逃。众人去洛阳看牡丹，我养瘦梅与残荷，满屋子的清气。

但徐渭的牡丹会哭呀。那黑牡丹，一片片肃杀杀地开，失了心，失了疯，全是狂热与激荡，亦有狠意的缠绵——爱比死更冷吧，他杀了他的妻。痛快淋漓。失了疯的人，笔下的牡丹全疯了，哪还有富贵？

金农的册页里，总有一个人——一个女人。一个人心里有暖，笔下才有暖。金农的哑妻是他的灵芝仙草，点染了他册页中的暖意。哦，他写的——忽有斯人可想。这句真是让人销魂，金农，你在想谁？谁知！

谁知！

这是黄庭坚在《山谷集》卷二十八《题杨凝式书》中夸杨凝式的——“谁知洛阳杨风子，下笔便到乌丝栏。”

此时，正听王珮瑜《乌盆记》，那嗓音真宽真厚，那京胡之声便是乌丝栏，约束着余派的声音，停顿之处，全是中国水墨画的留白。谁知白露写下册页晚？谁知晚来风急心平淡？

看册页要在中年后。

太早了哪懂人间这五味杂陈的意味，看晚了则失了心境。

中年看册页像品白露茶。

春茶苦，夏茶涩，及至白露茶，温润厚实，像看米芾的字，每一个字都不着风流，却又尽得风流。风樯阵马，每一朵落花他全看到此中真意，每下一笔，全有米芾的灵异。

翻看册页的秋天，白露已过，近中秋了。

穿过九区去沃尔玛，人头攒动的人们挑选着水果、蔬菜，这是生活的册页。每一页都生动异常，每个人脸上表情都那般生动，身上衣、篮里菜，瓜菜米香里，日子泛着光泽。这生活册页更加可亲，一页页翻下去，全是人世间悲欣交集、五味杂陈。

走在路上，总以为是那个冠盖满京华、斯人独憔悴的人，灯火阑珊处，猛一回头，看见斑驳的光影中，早已花枝春满。

在那一页写满我姓氏的册页里，我看到蒜白葱绿、红瘦黄肥，看到人情万物、雪夜踏歌，亦听到孤寂烟雨、禅园听雪，而我在一隅，忽有斯人可想，可怀。

此生，足矣。

手卷

*

*

人到一定年龄，是往回收的。收到最后，三两知己、一杯浅茶、一段老戏，或许再养条狗儿、猫儿，就着那中国的水墨，把生活活成自己的样子。而这中国书法或绘画最好是手卷，那私密性极高的手卷。

多美啊！手卷！

中国式的大美，沉稳、安定、老道，散发出低调无声的光芒。

高不过三十厘米，长度是任意的，十米、二十米，那里面写满了一个人的心思，画满了一个人的心情……也许因为过长了，那舒展的意味更让人欢喜了。

最撩人心处便是一边打开一边卷起。

最好是落雨的夜晚，一个人。哦，或者两个人吧！已经知己到不能再知己了，他们双双站立在迷幻的灯前，烛影正好，此时，他一寸寸打开手卷，像一寸寸打开她……都舍不得看了，连呼吸都停了。

他们不敢惊动了手卷，那里面藏着浮生六世的好。

他手持手卷的样子可真好。

那么娴熟地打开着手卷——只给她看。有些东西只能给一个人看，那是他们之间的孤意与深情。

那手卷是被怜惜的处子，小心打开每一寸时，都有浓艳得化不开的情绪。

去友家，众人喧哗，欣赏着斗方、条屏甚至册页。

及至酒后，众人失散了。

她忽然小声对我说：你慢走一步。

我留下，与她饮茶。

女书家一般难逃小女儿姿态，但她有中性之姿，抽烟，盘腿，穿汉服，举手投足间，是汉人风范。

先喝白茶，又红茶，最后一泡是太平猴魁。

茶亦醉人。

她起身，去紫檀箱子中取东西。

是手卷。

“不给他们看。”她忽然露出小女儿姿态。

那手卷是她用心写了的。

她抄写经卷《金刚经》《心经》《地藏菩萨本愿经》。

那一字字，全是一脉天真。人书俱老好，但人至中年有天真气亦好。

“写了十天才写完。”

那是多美多安静的十天呢！

她净了手，铺了陈宣，染了旧墨，一字字写，连佛教音乐和风的声音都写上了。那手卷里，有一个人的沉静似水，有孤意，有枯瘦，有欢喜。看多了这样的手卷，会多了些宽放的东西。一个女子经过时光淬炼，对人世、方物有了审视与判断。她闻得到纸上的竹香、字里的孤独，她在一个人看手卷时有了自我的肯定与满足。

因为我知道，有些东西宁可老死在其中，不能说，一说就破。因为有些方物，本身就有来路不明的美。

见过一卷残破的手卷。被火烧过了，那残缺更添加了它的丰泽与骨感。纸张十分薄脆了，仿佛不堪一击，却与我魂魄相连。

有时觉得，那人生何尝不是手卷？一寸寸打开，不知未来。当身体的残山剩水和命挣扎时，其实已经看到了未来。

病入膏肓的Z，每天输血、输液，瘦弱到连说话都艰难。因耻骨长了肿瘤，坐不了，亦躺不了，只能斜斜坐着，连眼神都是微弱的。

为她煲汤。M从青海带来的牦牛肉，放了枸杞、红枣、萝卜、核桃仁、薏米、小麦……她喝不了两口，便用力咳了起来，那纸杯里是一口口咳出来的血。

她亦落泪——落泪亦费力，那眼泪似没有温度了。我与M几乎不当她面落泪，在走廊里放声大哭。

这人生的手卷已到了头。Z的眼神中，全是不舍——很多的时候，人生尽是不甘，那不甘里有孤傲亦有认命。

临中秋了，超市里人头攒动。我买了水果和蔬菜往回走。Z 问我：“雪，你变了，你不再有从前那种一意孤行的生活了吗？”

我对 Z 说起了祖母，她们并不识字，一生幸福、安宁，寿终正寝。在每个春天来的时候，把榆钱放到面里做成好吃的面食吃。

而萧红、张爱玲那样凄苦的人生于艺术是难得，于生活而言，是深不可测的悲凉。

我不要。

人至中年，我展开自己的手卷，愿意平淡富足，每一天都平淡似水，每一天都刻骨铭心。

管道局医院的太阳仿佛有重量，砸在 Z 的头上——她那么要强的人，已经多日不洗发，一件男士衬衣披在肩上，我坐在台阶上陪她晒太阳，说一些高兴的事。

M 在没结婚之前，我多次反对她结婚。她结婚之后，我又反对她生孩子，说她不适合做母亲。她做了母亲之后，我说，再生两个孩子吧，一辈子有三个孩子是幸福的。她开始穿裙子，母性之光蔓延得到处都是。在 M 自己的手卷上，开始的狂野、放纵、任性变得湿润、澄澈、明了、从容。“他叫我收余恨、免娇嗔、且自新、改性情，休恋逝水，早悟兰因……”蓦地想起《锁麟囊》中这句戏词，恰是收稍。

中秋去看姑姑，她拿出爷爷的书法赠予我。姑姑六十岁，瘦，身体不好。她还喜欢弹钢琴，穿漂亮衣服。她趴下，拉开柜子最后一个抽屉。在抽屉的最里面，她拿出了一幅书法作品。

那是爷爷唯一留世的书法。他本来不想留一个字，是父亲执意裱起来，爷爷去世前给了姑姑，只说：“留个念想。”

我家原本姓刘不姓王。祖籍山东济南。爷爷几岁时随自己的母亲改嫁到霸州王家，遂姓王。这是我中年后才知晓的，只觉得隆重。

姑姑送我出来，落泪。她是舍不得爷爷的这书法作品。她不懂书法，却想着这是父亲留给她的念想。

我在深秋的夜晚打开。

“华夏有天皆丽日，神州无处不春风。”这是爷爷唯一留世的书法作品。他写了一生，并无知己，沉浸在自我世界中，从不想自拔。

我忽然想落泪，又觉得眼泪多余。在爷爷一生的手卷中，尽是孤独。他没一个朋友，也不要。每日只是写字，字是他唯一的情人。那延伸在血脉中的孤寂，早已蔓延给他孙女。

爷爷去世时八十岁。只对母亲说：我今日不吃饭了，不舒服。第二日，溘然长逝。

老子说，知其黑守其白。人生手卷参差太多，涂涂抹抹亦多，在山河岁月中，都寻找着圆满，却在支离破碎中找到花枝。

是夜，打开友送我的手卷。上面是一笔一画写成的《心经》，胡兰成有书《心经随喜》，随喜二字好。

色不异空，空不异色。

不生不灭。

乃至无老死，亦无老死尽。

这卷手卷，我看至天明。

普洱

*

*

我本来不想写普洱的。怎么写呢？像写一个格调太高的人，无法下笔。又像让我写《兰亭序》或唱《牡丹亭》，极致的美，有时是极致无措和手忙脚乱。

我少年时哪里喝过茶呢？不过是中等人家，祖父虽习书法，亦不喝茶，父亲虽为读书人，亦喝的是茉莉花茶。家中无茶香，渴了，有母亲用大茶缸晾好的白开水。如果在学校，刚下了体育课，一身的汗水，便会极速扑到那水龙头下喝个痛快——那是我的少年，没有茶影。

青春里也无茶。可乐、雪碧、矿泉水……碳酸饮料如同摇滚乐、尼采、欧美小说、达利、毕加索，二十几岁时，以为沉溺于西方文化，倒是与碳酸饮料相辅相成。我初听“普洱”两个字，已经老大不小，以为在说一个人的名字。后来我和我的学生T说："你有多幸运，二十多岁便洞悉了所有茶的秘密。"她跟在我身边多年，一眼望去便能说出是哪种茶，并且能品出大概多少年了。

亦忘了第一次喝普洱是什么时候，尝上一两口便喷了出来——怎么像发了霉？我喝茶从绿茶开始，龙井、雀舌、六安瓜片、太平猴魁，那明前的龙井真像妙龄女子，翠生生的绿啊！颠倒众生的年轻和轻佻啊。那味道也真是轻盈，像在舌尖上跳舞——没有办法地沉溺，这是天生的诱惑。

后来是红茶，祁红、滇红。

有一年下雪，喝了一个冬天的红茶，加了奶，香极了。红茶是属于女人的，软软的香，没有铿锵之气，喝多了容易醉，也容易迷失味蕾。白茶也喝过一段时间，三年成药七年成宝，用炭火煮了，和光阴染在一起，像临书法旧帖，也好。但是，到底还少些什么，到底是什么，说不清。

再后来是乌龙茶。铁观音、阿里山高山茶、冻顶乌龙……喝了有几年，迷恋那沉郁的香，香得快要支撑不住了——人年轻的时候，总贪恋个好看的，太早遇上普洱，像太早遇见一个好男人，不会走到一起，一定要过尽千帆，一定要尝遍了那娇嫩、芳郁、香气。

再一回头，看见了普洱，哦，真命天子出现了，第一口下去，就是它了！眼泪快出来了，因为终于遇到了。不易呀！那舌上的红茶、绿茶、白茶，那轻飘飘的香气都显得猛浪轻浮起来，原来，茶人的最后一站是普洱。也只能是普洱。也只可以是普洱。阳关三叠、大漠孤烟、霜冷长河，这一路下来，终于到了最后一站。普洱，在这里等了你多少年。它不慌，它不忙，为了遇见你，就在这里痴痴地等，直到等成了一棵老茶树。

那陈旧的茶香，让乾隆皇帝着了迷，这个爱写诗的皇帝写道：“点成一碗金茎露，品泉陆羽应惭拙。”《茶经》中未写到普洱茶。在《红楼梦》中也写到普洱：因为它又暖又能解油腻。

喝惯普洱的人，再难喝别的茶——味同虚设，不如不喝吧。章含之在乔冠华离世后，有人问她是否会再爱别人，她答：爱上过一个大海的人，怎么可能再去爱小溪呢？喝过了普洱茶的人，舌尖上、喉咙里、精神上都有了记忆的DNA。那是一种绵长、醇厚、曲径幽深的古味儿，那是无法言说只能意会的好——像恋人爱到深处，未提及对方半个字的好，可眼神里、心窝里全是好与妙。

号级茶、七子饼、印级茶、老茶、生茶。熟茶、大叶茶、古树茶……一入普洱深似海，想一口辨出是哪一年、哪一树的茶，甚至谁泡的茶，功夫也。

杀青、揉捻、晒干、压制。

每一饼生普洱会在时间中渐次发生微妙的变化，那些变化千差万别，因为一场风，因为一场雨，或者因为多看了它一眼，或者因为一声叹息，都令味道有着千般的不同。放久了的古树茶。

像经了坎坷有了阅历的人。亦像京剧行当中的老生，错骨不离骨的筋道与醇厚。绿茶放一年便成了树叶子，顶级的龙井也不过如此，暗淡得让人心酸。乌龙茶放上几年也不再光鲜，当初的浓郁的香气变为浊气，味同嚼蜡。红茶则多了土腥。唯有普洱，光阴是它的知己，又是它的情人，在时光里沉溺、转化，时光越久，那不可言说的味道越浓烈——在水泡开一款老普洱的那一刻，获得重生。茶与人两两相知，至死不忘。

朋友W，原是上海小混混，少年时与人拼刀，曾剁掉别人三根手指。中年后经商，发财后只习茶喜茶，每日与普洱为伴。在南昌自己开一间“无相壶”，只与三两知己喝茶，只喝生普洱。

他说：“喝茶让我心性软下来，在茶中我顿悟了生活的秘密。普洱在某些意义上，有宗教的意味。”是啊，原始森林、草长莺飞、鲁莽草率，普洱是野蛮的趣味，那漫长的光阴里，奇妙的微生物们做了些什么？转化的过程无人洞悉，从不洁不净、大俗、大乱，走到至洁至清、大雅、大净。只有普洱，这是传说中的化腐朽为神奇吗？

在南昌的日夜，与 W 每日喝茶，秉烛夜游，他拿出“八八青”、中茶牌红印圆茶、“七子黄印”、“七五四二”……我不知深浅，只觉味道醇厚，后背冒了汗，心窝里是热的、熨帖的。我听着 W 谈少年时如何穿喇叭裤飙车，在黄浦江边追女孩子，乐得前仰后合……茶中人生，是真正的趣与味。

茶托是日本买来的铁打出，壶是日本京都乡村收来的老铁壶，屋内的花儿散发出清新的野气……一屋子的器物都与一款款老普洱相得益彰，普洱在两个喝茶人中间游荡，成为通向灵魂的隧道。

还有一次在长江边喝茶。中观书院的袁老师请喝二十世纪七十年代的普洱。应该是“七五四二”。外面有雎鸠在叫，长江里的芦苇被风吹起来，书茶院放了南宋的曲子。袁老师泡老茶，还加了牛蒡，可不得了，有惊天动地的香。那香是说不清、道不明的，我居然喝醉，茶亦醉人。一个人跑到长江边吹风，江边的夹竹桃开得真狂野呀！

普洱原来有一颗狂野的心，被时间收了心，渐渐变得那么敦厚、优雅、老练，看似世故，却是人世间人情练达的世故，怀了一种天真的世故，练达到让人起了敬重。那天地之间，原本应该有一款叫普洱的茶，让我们的生活变得贴心贴肺，可亲、可怀、可敬。

* *

普洱原来有一颗狂野的心，被时间收了心，渐渐变得那么敦厚、优雅、老练，看似世故，却是人世间人情练达的世故，怀了一种天真的世故，练达到让人起了敬重。

袁老师送我一饼“七五四二”，回来后与茶友同喝。茶友说：这茶与酒放在一起了，有酒香。我笃定说没有，她说一定有。打电话给袁老师，袁老师亦说没有，然后挂了电话。袁老师是爱茶迷茶之人，珍藏茶有一间特殊的屋子，又干燥又通风。但过了一会儿，袁老师又打来电话：小禅，那款普洱的确是和酒放在一块儿，顶多一小时。那天咱们去“渔人码头”吃饭，茶放在后备厢里，后备厢里有一箱子茅台酒……我听了暗自笑了，朋友的舌尖上的味蕾真“毒”啊！

后来与友梅子喝茶，她中年后开始迷恋普洱，每日五更天起来泡茶，喝得通透了才开始一日的工作。普洱茶成为她日常生活中的必需品，每喝到一款老普洱便会高兴好久。普洱茶让很多中老年男人折服，因为恰好映衬了他们浑厚的气场，又磅礴又低调，又内敛又含蓄——那种化骨绵掌一样的冲击力绕着喉咙转，在精神的贮藏空间里找到一种肯定和踏实，除了普洱，任何一款茶都不能赋予这种意义上的心灵地貌。

普洱，在与光阴的耳鬓厮磨中，幻出了无数种可能，那种奇妙的香气，是书法中的人书俱老，是戏曲中的炉火纯青，是齐白石九十岁以后的随意泼墨，是让时光点了石成了金。

茶人延延每年都要在云南的深山里待上半年。二月就上山了，去西双版纳的山里寻找老茶树，每发现一棵老茶树都似找到久违的自己。她自己在云南有一片茶山。茶成为她生命的一部分。素衣素面，仿佛自己也是老茶树上的一片树叶。

“那些老茶树成了精呢！”她说当地的茶民并不以为然，家中都有大水缸，把茶人拣出来的黄叶放进水缸里，浇一锅水进去，那便是当地人的茶饮了。

普洱从云南运出来，再经过时光之淬、文人茶人之品，走向了真正的自己。

常年与普洱打交道的茶人，身上会生出茶气。那茶气是清新的、醇厚的、立体的，文化养心普洱养身。冬天的午后，三五知己品一款陈年普洱，佐以古琴、古老器物，再佐以一场大雪，人生快事，不过如此。那是普洱的快雪时晴贴，那是我的银碗盛了我的雪。

七子饼中有一款“雪印青饼”。

有一日在上海喝到，再看到那名字，仿佛与自己邂逅。留声机里是低缓的大提琴演奏，窗外是上海滩和黄浦江，心窝和后背都是热的，人至中年遇到普洱，恰恰好。太早，我哪知珍惜？这样的珍贵和饱满不适合猛浪的少年；太晚，我品不出那气韵和力度，中年恰恰好。听雨江湖、花开富贵、枕上思、身边人，就着一杯老茶，就这样闲闲散散喝下去，喝它个天荒地老，喝它个日久天长。

如果我有一款小禅私藏茶，我就叫它银碗盛雪吧！那银碗里盛的是我的光阴，那饼茶里装了人世间的清欢与滋味，在空灵的禅意里，我愿意，与茶，同老，同销魂。

那一杯茶里，也尽是人间的真味矣。

*

*

岁时记 * 山河故人来

人早早晚晚会活成一块枯木。与江山无猜，与天地无猜，与时间无猜。没有计较了，没有风声鹤唳了，也没有花红柳绿了。只活成这有了风骨的枯木，心寂寂，身寂寂，但断然有了空间与时间的绝世风姿，端然于田野上，或者立于永定河两岸，任雨打风吹。

银碗盛雪

*

*

“如果我有一款小禅私房茶，这款茶应该叫‘银碗盛雪’。”这是我文章《普洱》中的一句话。

二〇一五年是乙未羊年，正月十一，飞往西双版纳。茶人延延、老柴已在等我，去寻茶问道。

西双版纳，在北回归线上。北回归线是热带和北温带的分界线，聚集了一切宜茶的最佳条件。那里的原始森林中，有茂盛的野生古茶树，用古茶树做出的普洱茶，香气沉郁深远，纯高锐亮，回甘淳甜，这是山水的供养，是自然的恩赐。它的茶树千年不老，在时光的力量中，成了道，成了那款叫作普洱的茶。而我的这款茶，茶人延延说：“必须用原始森林中的古茶树做，才配得上叫银碗盛雪。”

延延二十九岁。怀中孩儿“小普洱”，刚刚十四个月。老柴二十六岁，新婚不久，妻子怀孕四个月。两人都是茶疯子，做茶已七八年，黝黑的脸上，一种苍老的天真，神情格外郑重、肃穆，倒映了普洱的那份敦厚、朴素。

两个人谈起茶，仿佛裴艳玲说起戏，可通宵达旦，对茶的痴情与狂恋仿佛一种信仰与皈依，我忆及自身，对写作的归属感亦是如此——对一件事物的热爱，唯有扬起宗教般的热忱方能精神明亮与永恒持久。

千年之前，茶农在惊蛰前三天，凌晨三四点便起，然后一起去茶山喊山：茶发芽，茶发芽。而我们抵达原始森林那一天，恰恰是惊蛰前三天。此谓天意。我要去喊山，去喊一声震天动地三个字：茶发芽，这是我的先春喊茶。

先去新六大茶山。探访老班章之路最是难忘——土路上尽是沟坎，一路尘土飞扬，“夏天到来时，这条路便消失了，雨水太大便成为河流了……”老柴说，我抱怨太颠簸了。脑袋一次次磕到车顶，小皮卡上蹿下跳，延延和老柴说这是好走的路。“那难走的路什么样？”他们俩相视一笑：“明天你就知道了。”说实话，我对老班章感觉一般。至少，没有想象的那么好。

而且亲眼所见台地茶的生长环境，那杂草丛生和尘土飞扬……很多做茶的大厂家所用之料均是台地茶。人工所种，再施以化肥，怎能和几百年的古树茶相比？但老班章名气冲天，“新六”中亦算翘楚。

次日去古六大茶山。云南好多地方的名字有生猛、野蛮之气。不知其意，但意味深远幽古，令人动容。云南亦是充满了一种野蛮味道的地方，又邪恶又纯真。一进云南，我便想起前几年和中央十套拍纪录片《探秘蝴蝶谷》，那悬崖峭壁和原始森林至今在脑海中——我去云南充满了恋人一般的喜欢。也许我骨子里也有这份天生的野气和稚真吧？之前看云南作家雷平阳的散文《出云南记》，更是有深切的欢喜。

古六的名字更是一派天然。听听这些名字吧，易武、倚邦、攸乐、莽枝、蛮砖、革登。叫得那样鲁莽，却又叫得那么明烈，恰恰对应了普洱茶那种野蛮生长却又天地大净的辽阔清幽、静水流深。一款普洱，磅礴幽雅之外，自有一份静影沉璧和秋水长天的肃然。爱上普洱之后，我再也别无选择——多像终于爱上一个人，此生无悔，生是他的人，死是他的鬼。

从西双版纳出发，一路蜿蜒，至易武，路边鸟语花香，虽然山路弯弯，但空气清澈到甜腻。两边的芭蕉林，热带雨林中的植物，散发难以说出的蛊惑之感。这是西双版纳的魅力，妖气荡漾，夹裹着最原始的野性，无意之间，打通了普洱茶的命脉。

通往刮风寨的路上，小皮卡开始疯狂颠簸了，没有路，全是石子，我心里觉得苦，嘴上没说。早晨八点出发，至刮风寨已经下午四点。

“古茶树在哪儿？”延延说：“先坐摩托车进山，一小时，然后再徒步两小时。”老柴说：“古茶树在原始森林里，在最接近天堂的地方。”老柴是虔诚的基督徒，眼神干净清澈。虽然刚刚二十六岁，但自少年做茶，已然七八年。

在寨子里找来四辆摩托车，刮风寨全是瑶族人，我眼睁睁看瑶族人用雪碧瓶子装了汽油直接倒进摩托车的油箱，其他人悠闲说笑。中间，我去了趟所谓的厕所，简陋到只有两块砖，且紧挨着猪圈，猪在我后边哼哼着……

寨子在偏远的山区，很多人不会说汉语，延延每年春天来做茶会在寨子里住上两个月。那个简陋的瑶族人家，婆婆在阳光下缝衣，手上全是皲裂，指甲上全是泥垢，衣服上全是褶皱和泥土的孩子们，羞怯地站在我面前，脏脏的小手上托着用芭蕉叶子裹着的饭团，用小手直接抓了吃。我把旅行包里的巧克力、饼干、汉堡分给他们吃，他们走近我，小心翼翼，拿了食物迅速离开。不敢再看我一眼。四岁的女孩儿学着做针线，照顾两岁的弟弟……

一时无语，悲欣交集，我答应了易武小学的高校长，明年来给孩子们上课。我的学生慧说："雪老师，明年我跟着你来，给孩子们上音乐课。"

延延带我去看她住的房间——破床板上搭了一张简易床，窗户没有玻璃，挂了一块布，去年连电也没有，今年挂了一只灯泡。"每次凌晨从山上回来再给茶叶杀了青，累得动弹不得，床上有虱子、跳蚤、老鼠，也顾不得了，直接躺了睡……"她梳了麻花辫子，素面，从不涂脂抹粉。平静地诉说，仿佛与己无关。

"我热爱茶，茶有灵性，茶给了我很多。古茶树成了我的保护神，我只做古树茶，一生只做古树茶。"

小李，二十五岁，瑶族小伙子。因为他技术最好，派他用摩托载着我。真正的寻茶之路刚刚开始，我们飞奔在石子路上，石子飞起来，砸在我的脸上。摩托车的颠簸超过我的想象，腰部倍感不适，尘土飞扬。那天还穿了件白衣衫，几乎瞬间成了"土猴"。

上坡下坡极陡峭，几近无路。我和小李开玩笑："小李，你比韩寒帅多了，你应该去开 F1 方程式赛车。"小李不知韩寒是谁，问他去过北京吗，没有。他最远到过易武镇，去读小学，小学毕业后没再读。但小李身上有极干净的东西，眼神清亮……在大山里待久了，朴素厚道。开始上山寻茶，进入原始森林时开始充满了恐惧，依然坐在摩托车上。只有唯一一条小径，一米左右宽，杂叶、乱石，不能称之为路，而下面是悬崖峭壁、万丈深渊。就是说，稍有闪失，掉下去便是粉身碎骨。

我开始害怕，并且后悔上来。“小李，姐的命交到你手上了。”我听得出自己的声音有些异样。“姐，你相信我……”我再也不开玩笑，死死抱住小李的腰，他瘦得只剩骨头，却充满了一股力量。

原始森林中的树木、花朵、空气、动物，以及那种说不出的复杂气场极其性感、跌宕，让人几近战栗。那绽放的芭蕉花和叫不出名字的千年老树让我起了敬重——人在自然面前如此渺小无力。

恐惧占了上风，浑身已经湿透。终于无语，摩托车再也开不下去，到处是倒下的树木，挡住那条窄窄的路。车停在原始森林里，开始徒步。延延和老柴的车链子掉了三次了，延延一次次跳车，用手撑着腰——她原本有腰伤。

荆棘满地，寸步难行。小李在前面，为我拨开树枝和藤蔓，仍然是一米左右宽的小路，侧面还是万丈深渊，我在心里对自己说了一句话：“如果能活着出去，此生一次足矣。”后来，听延延的公婆说：“别的茶人都是倒茶、贩茶，又赚钱又轻松，到茶山拍个照片就回去炫耀到过六大茶山，你说为什么延延和立新（她丈夫）这么玩命？他们简直是拿命来做茶呀！多让我担惊受怕，又多让我们心疼……”

我后来才知道，延延和立新每年要上几百万元的人身保险，下来后，我和他们俩开玩笑：“你们这是让我玩老命来了，你们俩上了几百万元的保险，我上你们当了……”但我知道，这一次去原始森林之行不仅是我的茶马古道，更是一次永远难忘的精神苦旅，足以自渡彼岸。

生平最怕蛇，但恐怕死亡的心理超过了怕蛇。蛇从脚下爬过，松鼠蹿过去，还有小鹿。体力透支到极限。小李却和猴子一样跳来跳去，“姐，你累了吧，我给你爬个树看。”他蹭蹭几下便爬到几十米高的古树上，而下面是悬崖。

“你快下来……”“我们习惯了，天天这样，姐，你渴吗？”我以为他带了矿泉水，于是点头，“当然渴了。”他跳下树，取了芭蕉叶，走到山泉边，叠了漏斗形状，装了水递给我：“姐，你喝水……”那芭蕉叶装的山泉水，是我有生以来喝过的最甜的水，极端之美在极端的恐惧和透支下幻化出来，直径一米的古树成片成片在原始森林里烧掉，腐烂的芭蕉，野蛮生长的成千上万种植物，光线透过森林打到我脸上。我突然有一种宗教的皈依感。在林木杂陈、草叶纷飞和虫蛇爬行、路泥扬尘中，内心一片澄澈，终无言。

见到古树茶的那一刻起，我扑了过去，是的，扑！它们好像等了我一千年，好像我失散已久的亲人，又似久别重逢的知己，一时间，哽咽难言。它们活成了精活成了传说，活成了一种精神上的华枝春满——也终于理解了茶人延延说为什么只做古树茶的普洱，在某种意义上讲，那更是一种宗教般的皈依。

我躺在古树茶中间，闻着茶香，看着茶的新芽，手捧白色的山茶花，瞬间有一种肃然起敬——天地之间原本应该有一款茶是我的，它必经了万转千回，有了灵魂的惊蛰，这一个刹那被一种神奇的物质叫醒，在渐次修行的过程中，把所有时光熔于一炉，慈悲喜舍、无量悲欣，这一炉雪叫银碗盛雪。

摄影师到时，天色已黑了下来。我坐在月光下讲这一路的感受。我慢慢地说啊说，古茶树在听我说，月光在听我说，森林在听我说……从来没有见过这样华枝春满的月光，从来没有这样平静又有力量的叙述。悄然间，我落泪了，为这一路艰辛，为茶人，为古树茶，为这正月十三晚上的月亮。

我说：“这一款茶只能叫银碗盛雪，也命中注定叫银碗盛雪。”延延说：

“多少年后，它会是普洱界的一个传说，也是一款绝对经得起时间推敲的老茶。而且，越放越会呈现出它独有的光芒和味道。”老柴亦动情了：“月光之下，天地为证，把这款‘银碗盛雪’做一辈子，直到我们老去……”

天黑透了，路更陡了。月亮在我们头上，悬崖在我们脚下……体力到极限时，反而一身轻松了。来时的恐惧害怕荡然无存，我居然还哼唱了一段戏。月亮做证：这个夜晚的极端之美那么危险那么诱惑，却又那么终生难忘——光阴阅历如此沉重，却又这样一派苍老的天真。这是普洱，这是古茶树，这又是人生的修行。

那时脚脖子已经在流血，居然不觉得了。因为不知何时划破的。当我们走出原始森林，重新踏上了满是石子的小路时；当我们回到刮风寨看到婆婆在月光下纺线，篝火还在燃着，瑶族人给我们做了一桌子菜在等我们；当我捧起那碗白米饭，又喝下今春第一泡头春茶，除了幸福、知足、感恩，别无他求。人生已经足够好，我还求什么，还要什么？上天已经足够厚待我。

而延延告诉我，这只是她们的日常生活。当她们亲自把采好的头春茶（一芽两叶或三叶）背回来，萎凋之后摊凉，然后是连夜杀青，瑶族茶人要在锅里炒啊炒，此时，延延、老柴亲自盯着，严格火候——差一分钟便差之千里。“不亲自盯着不行，本来一锅炒六公斤，有人一偷懒想炒八公斤。那么好的茶叶，不能炒坏了，每个秩序稍有闪失，便会降低这款茶的味道……我们还想做百年老字号的‘蘭草堂’呢，一点都不能差……”然后是手工揉捻，西双版纳的紫外线强，晒青必须保证晒二十四小时，然后是人工剔拣毛茶拉到西双版纳，纯手工压饼，每一道工序的细微决定一款茶的成败。“往往得凌晨三四点才能上床睡觉，整个人累瘫了，也顾不得虱子老鼠了……”延延说。

深夜十一点，开始往回返。延延还有个吃奶的孩子，必须回去。上了车后觉得脚疼，低头一看惊叫一声，半只袜子被血染红了——刚才在原始森林太紧张，居然不知道脚破了！

停下车用矿泉水冲洗了，贴上创可贴，那只带血的袜子留在了大山里。

他们常常去原始森林，确定不是被蛇咬的。如果被蛇咬了，的确有生命危险。这是原始森林留给我的记号。

老柴开着车，车窗开着，我伸出手去“接”月亮，月亮又大又圆又亮，风吹进来，吹着我的发……我渐渐在有月亮的晚上睡去。在梦中，我梦见自己坐在一棵开满了山茶花的古茶树下，身着白衣，我的手里，捧着一饼自己的私房茶，那上面，是我自己手绘的梅花，那四个字，是我自己写在上面的，小楷、毛笔，端正清丽、风日洒然的四个字：银碗盛雪。

佛经中，有僧问巴陵：如何是提婆宗？巴陵说：银碗里盛雪。白马入芦花，银碗里盛雪是佛之高境。而我坐在千年古茶树下，清凉而真意，素美对素祥，银碗盛雪，落处孤胆深情，深情背后是人生的山高水远繁花不惊。

临沧的佤族人说：你喝了普洱茶，就能看到自己的灵魂。因茶通灵，茶接引了天地日月，接引了岁月长河。

这是雪小禅的菩提，这是我的银碗盛了我的雪。

山僧

*

*

决计去拜访他是因为圆光。

二〇一五年暮春之际，在时代美术馆参加《禅心七韵》雅集，遇见圆光。

圆光长身玉立，着了藏灰长衫，清秀的脸上尽是不俗之气，尽管还那么年轻，却着了老调，眼神干净清澈。

他修佛，听禅乐，那天开口便惊住了我。

岁渐寒，

日复少眠，

彻夜不释卷。

丽词如星繁，

瑟柳蝉，

西亭雾，

不见来时路。

尘陌迂回三十年，

年年心无往。

声音便似空谷幽兰，人亦有禅意。他知我要自驾车去皖南，便推荐了一音禅师。“您会欣赏他的，他才是真正的空谷幽兰。已隐居两年，隐在皖南深山的一山僧，陪伴的只有清风、明月、溪水、幽兰。”

我当下起意拜访，与小金自驾到安徽泾县，住在敬亭山，看了桃花潭水，当了那个送李白的人，又访了“宣纸园”，下一站便奔了查济。

查济两个字真好，有古意。一音禅师便在查济的山里隐居，去时已打了招呼，远远看见一中年男子，清瘦奇丽，着了长衫站在路边迎着我们。那样拔俗的格调，浑身散发着幽兰之气，只能是一音禅师了。

我惊异于他的瘦。灰袍子好像要飘起来，里面装了孤独的风。他亦不笑，清瘦的脸上戴了眼镜——出家之前是书画家、篆刻家，润格在京城亦不低，不说华盖满京城，也是斯人独憔悴。

小金与我本欲往绩溪住一晚，我要去绩溪上庄看胡适的——如果生在民国，是愿意和胡适当邻居的。

但下了车便决计住在一音禅师的山中野居了，明天再离开。

房子拙朴，门前溪水涓涓过，窗外是明绿的竹。玉兰花开得晚，因为是

一曲终了，没有掌声，众人皆被震撼到沉默——有时候掌声是多余的，他要的只是懂得，那箫声里是空旷的独自和美意。

在山中，才刚绽放，老梅树在曲折的山径上。两只狗卧在溪水旁，山间还有古木、幽草，还有一音禅师自己修建的“禅舍”。当下决定住在这里，一音禅师笑了，然后拿了我们的行李，他唤我“小禅”时，有一丝明丽。

“人间四月芳菲尽，山寺桃花始盛开。”果然山中清冷。屋内点着炉子，青砖铺地，兰花种满了坛坛罐罐。“那腌菜坛子是从村子里拣来的，罐子也是，村民们不要了，怪好看的……”

兰花袭人，铺天盖地地袭人，因为太多了，每个角落都是了。迫不及待地问了一句：“怎么这么喜欢兰花啊？”他答得绝：“因为兰花就是我，我就是兰花。”简直是禅语。屋内还有两个远方来的朋友，唱佛歌的千千云和苏一。两个人也是来拜访一音禅师。

窗外有一百株老茶树，半山上是一音禅师隐居的风水宝地，半山下是有一千四百年历史的查济古村落，皖南的古镇大多是些徽派老房子。美得惊天动地。一音禅师采了山上老茶树的茶叶泡给我们喝，因为是明前新茶，味道甘甜。面前还是兰花，种在明代的粗瓷碗里，飘逸极了。茶台是一块大青砖。屋内有佛乐，中午的阳光照进来，人间竟然有如此清静之地，让人蓦然喜欢了。

一音禅师的母亲也在，“跟着他来了，儿子在哪儿我就在哪儿……”她头发半白，还梳着一根麻花辫子，倒显得格外清秀。一口淳朴的山东口音，我告诉她自己是山东济南人，她便问我喜欢吃山东煎饼吗，我点头。她喜悦地说：“前几天我刚回了家，带了好多山东煎饼来，一会儿咱就吃。”

中饭在厨房里吃简单的饭菜。厨房极简陋，液化气炉子、简单的灶台、粗糙的瓷碗。“炒青椒、西红柿、萝卜干、腌咸菜、酱豆腐……有一半的菜居然是咸菜，白米粥，就着山东大煎饼。厨房的墙被熏黑了，因为是在山里建的房子，屋内一面墙都是石头——我的椅子紧挨着石头。

午饭后喝茶。一音禅师去拿了一罐泥罐装的普洱，封存得甚好。封口写着“二〇〇〇年四月”。十五年的老茶了。他去山里找了块小石头敲开：“小禅，这款普洱老生青茶等了你十五年了。”我自是欣喜。与这款凤临茶厂的老茶山中相逢，又与苏一、千千云相逢，聆听山中禅乐，自是大因缘。窗外有鸟鸣、溪水、竹叶被风吹起……天籁之音永远清明。

“我从小就画画、篆刻、吹箫……父亲影响了我们兄弟三人，都从事艺术，大弟画油画，小弟是篆刻、古琴……”

母亲忽然插了一句：“他到现在也赶不上他父亲，他父亲画得更好，吹得更好。”

“赶不上的。”一音禅师承认着，“五岁习武，六岁习画，七岁学书法，接触中医，看古籍书、道教书、佛教书，自小便格格不入，这些东西入了脑子便出不来了。我二十一岁去九华山，当下便认定了这是归宿，当时就想出家，这个念头一直有，直到四十岁后真正剃度出家，我最后也果真在九华山出家，那年四十二岁，好像了了生死，心中俱是欢喜。”

“家呢？”

“女儿上大三，儿子上高三，都好，一家人是佛教徒，都理解我出家、隐居。”

“出家之前呢？”

“在北京混啊，圈子里很有名，字画也卖得好。那时就觉得格格不入了，有与世事决绝的心了……家里到处是古画、碑帖，总有人来邀请参展……忽然就特别厌倦。说不出的厌倦，那不是我的生活。如果有机会再回北京，带你看我在宋庄的工作室。”

“就像兰花是开给自己看的，不用活给别人看。”他起身给兰花浇水。一屋子香气，香得清澈凛冽，墙上挂着他的画，看得出深受八大、渐江、倪瓒的影响。

“四季都好。每一天都好，落雨也好，落雪也好，有云也好，有风也好……走，我们去山下的古镇转转吧！”

于是去山下的查济古镇。他与镇上的人打着招呼，村民看起来与他十分熟稔，居然像在一起住了十年八年的人了。

镇上有古玩店，他带我们去转。店主送了七个仿元代制的小碗，粗朴简洁，上面还有泥巴。

皖南村落大多美如画，徽派老房子、流水、古树、写生的学生，他一袭长衫前面走，我一袭白衣后面跟。小金在后面拍了我们的背影，真似两个修行的人，一个在山中一个在世间。

他又带我去访他朋友，一个七十五岁的老者。不遇。

“去年他送我十株大叶黄杨，一棵老桂花树，还有紫藤、牡丹、腊梅、绣球……全种山上了。”他愈是这样说，我愈是想见这种花种草的老者了，但终究不遇。只在古村落里荡漾，看白青灰瓦马头墙，看溪水里有女人洗衣服，岸上有学生写生。

我们一前一后走，并不多言。夕阳西照里，仿佛也没个时间，就这样天地光阴地走啊走。无论什么魏晋，我亦忘记自己是女子，仿佛亦是来修行的僧，着了灰袍子黄袍子，低眉唱《心经》。

回到山上。他扑到山间挖麦冬，麦冬的果实是宝蓝色的，似一粒粒青金石。

他拿粗碗来盛，一人一碗，暮色四合里，他灰色的长衫分外有了更古的禅意。

晚饭我们去吃，一音禅师坚持过午不食，一人在屋内低眉唱经。

晚饭仍然俭朴，只多了一碗青菜面，一切如中午以前。晚上，山上的温度降下来，冷了很多，那碗热面下去仍然是冷。我们回到屋子烤火，炉子里的炭火旺极了。

开始长达数小时的聊天。

一音禅师和我是主聊。小金、苏一、千千云倾听，几乎从不插言。

从绘画、书法说起。

“现代人的画，我不大喜欢……但也有画得好的，很高古，但不是那个高古法……”他斩钉截铁，“八大高古，石涛格调也清高，可清高中有不甘，渐江和担当没有自己的书画面目，扬州八怪金农要排第一。金农有人文情怀，金农的诗也好，格调很重要。金农的相貌很奇特，越来越相信相由心生，高人的眼神是一注清潭，深不见底的。”

我亦发表言论：“我最欣喜最喜欢倪瓒，然后是八大、渐江。金农五十岁以后才画画，每天以诗会友，格调有了。吴昌硕也是，五十岁以后才画，但从前篆刻的刀下有了功夫，也积累了半世烟云，下笔就有神韵……

“近代的画家，我喜欢傅抱石，他的《丽人行》，有气魄。陆俨少中年以后就冲着香港市场去了，林风眠有仙气，吴冠中画的是他的江南，那路子也只是他自己的。现在老树的画也好，因为有不俗的人间情意，又出世又入世……书法要看魏晋之前的，越古越好，篆刻也是。

我去台北故宫看到秦汉篆刻，那份朴素热烈啊，太让人心动，魏晋书法有自觉、自信、自有，还有飘逸和清淡，里面有说不出的能量和气场，那时的人都是天才、疯子。秦以前的东西更高妙，接近人和自然最本质的东西，带元气的，那时的大篆都有仙气，那时的青铜器、篆书，再追溯到甲骨文，完全是上天所赐予的力量。”

我平静叙述，他默然点头。似是认同，我们热烈交谈，三人倾听。室内幽暗，茶香、兰花香、墨香缭绕。

他起身进屋取一管箫来：“给你们吹箫。”

他站在青砖的地上，头上有幽暗的光，那萧的声音像来自天外，异常地寒清，又异常地陡峭，异常地空寂，又异常地妙灵。这是一音禅师的世外桃源，他修他自己的仙，得他自己的道。一曲终了，没有掌声，众人皆被震撼到沉默——有时候掌声是多余的，他要的只是懂得，那箫声里是空旷的独自和美意。

“我自己乱吹的，临时起意而已，也不是谁的曲子……”但恰恰好，因为临时起意便更好。回来后多少天箫声不散，仿佛被箫声招了魂，那份清寂的欢喜，真是难忘矣。

换了老白茶，白茶不厌千回煮，屋里有了枣香。

“我也喜欢米芾，他狂妄得可爱，他们那时在西园雅集才真叫雅集，米芾穿了奇装异服去。杨凝式的《韭花帖》也好，有韭菜香，吴镇会给人看相，黄公望到很老才开始画画，之前一直按照《易经》里的方法给人算命，他是道教的领袖。我喜欢还张岱，鲜衣怒马，自己家养着戏班，研制一款叫‘兰雪’的茶，还好美姬婢妾……”我任性地说着，加了很多自己的态度和观点。

屋内的温度低，炉子里又加了煤。说累了，听苏一唱他写的佛教音乐，他始终闭着眼，听，或者唱，都闭着眼。不过三十岁的人，就有了这禅定的心。千千云四十岁，有女孩子一样的心态，虔诚的佛教徒，独身。

她唱《大悲咒》，嗓音淳厚极了，犹如天籁，眼里含着泪水，她虔诚到尘埃里了。一曲终了，众人皆被袭击到，央求她再唱，她又唱“比月亮更美的是你”，照样好听到惊天动地。一时间被惊住了，缓不过气来。这是五个人的禅园听雪。屋外是寂静的山林、梅树、玉兰树、老茶树、山泉、紫藤……屋内是五个痴心人，谈禅论道。

又回到中国书法。我说：“我喜欢褚遂良，颜真卿有宝相庄严，用篆书改造了自己，把篆书的精神用在了自己的颜体里，柳公权和欧阳询匠气太足，特别是欧阳询。很多女书法家临欧阳询，我恰恰认为女书法家应该临颜真卿。虞世南是个散淡的人，李世民是他的知己。他去世后，李世民惆怅了很长一段时间，说到底，人找的都是一个懂他的人……”

一音禅师说傅山：“傅山也好，傅山本是神医，又是哲学家、思想家和文学家，最后修成仙道，他能列入仙班，因为心通了灵……别人学他，一学就傻了。”

一时觉得山野里地老天荒了。

又说哲学、生死。孔子论未知生焉知死？他其实知道生死是怎么回事，可是他不说。释迦牟尼告诉人们了，这便是佛教。把生死说明白了，把无常、缘起、性空全说透了。道家却告诉人们，一切不足以留恋，不如去做神仙吧……

孔子知道“礼”是做人的最后一道防线，所以他以理服人，但是我更喜欢老子，几千字的《道德经》全说明白了……其实孔子是非常崇拜老子的。庄子更好玩了，他把自己逍遥到极致了。孟子严肃了，到韩非子，就是很森严的味道了……

饱满，春凉，宴寂，通灵，空艳，颓灿。这是我能想起的词，形容这个夜。

不可说不可说……一切事物一说就破了，夜深了，风起了，秉烛。继续热烈交谈，直至更深的夜。

终于散去，才惊觉这是一个多么美妙的夜晚。

一切不可复制，亦不能重来。这个夜晚，只属于这个春天，属于隐居者，属于我们五个人。多一个人则嫌多，少一个人则嫌少。

当然，还有那些老茶树，花啊，草啊。

他给我们字画，完全是不容你客气的诚恳。我和小金得了一个扇面，上面画着枯梅；千千云和苏一的扇面上写的是《心经》，小楷抄写……四个人珍贵地抱在怀里，这样的诚恳亦是山河故人一般，以后我当然要裱上，挂在茶室为宜。

决定去睡，因为更冷的凉意扑了上来，夜深得像只山里的黑猫，有了魈鬼之气了。

天冷没有洗澡，床上插了电褥子，躺进热热的被窝里，枕着溪水声入睡了，竹叶的香飘得到处都是，屋外的小鸟也睡着了。

次日清晨，我与小金早早起来，听见一音禅师在做早课。未打扰他，静悄悄地离开，山花和溪水送我们，小鸟和竹风送我们，我知道我还会再来，与隐居的山僧再次秉烛夜谈。

禅师说：“二十年来，未这样畅快地聊过。”

“我也是。”我说。

绝色坤生

*

*

氍毹上的旧梦很多，我却独钟情于孟小冬。

她仿佛门环上的老绿，滴出暗锈来，摸一把，似摸到记忆，而推开门，却看到院子里，满目荒愁，她一袭男装，凛凛然站在戏台上，唱着“一马离了西凉界……”亦不是因为她是难得的坤生，女子中唱老生的不乏其人，孤高荒寒的唯有她，一生中嫁了两个惊世男人的也只有她。

生于一九〇七年腊月，命上说，“腊月羊，守空房”，父母怕她命不好，改口说是一九〇八年出生。但天数已定，深冬，她踩一地厚雪而来，凌乱寥落，虽出身梨园世家，却改变不了卑微寂寥的命运。

五岁学戏，九岁第一次登台唱《乌盆记》，一张嘴满场皆惊——命中注定，一代冬皇出世。

十二岁，她命中注定的男人第一次听他的戏。从她十二岁开始，这个男人就知道，这个女孩子与他有一生的情缘。两年之后，他因小冬四处演出听不到冬音而烦恼，于是出巨资为她灌制唱片，虽然是小试啼声，但锋芒早就无法掩饰。他按不住心头的欢喜，为她找琴师，冬每于戏院唱戏，他必到捧场。

他对她的深情厚谊，在以后漫长光阴中更加有增无减，印证得脚踏实地——自她十九岁嫁梅兰芳之后，他不是没有后悔过，如果早知如此，他不会放她北上学艺。四年之后，她与梅黯然分手，面壁绝食，从此落下胃疾，后来跟了他。他问遍上海名医，为她治胃病。

为让她潜心学艺，他不但每月供几百大洋，还在东四三条轿子胡同买了一所私宅给她，花重金托人劝说老生泰斗余叔岩收她为徒……这样有情义的男子，在我翻看《氍毹上的尘梦》这本书时，不禁泪湿衣衫。

他是海上闻人杜月笙。

不提他的为商为政种种，但就对孟小冬而言，他用情之深之痴算得上深情款款，每看到细节，都无法不动容。

二十三岁离开梅郎，她几乎送掉半条命，隐居天津居士林。还是杜月笙派人用直升机从北京接到上海，而且抱病亲自去机场接她。

她入住杜家时已经四十余岁，早就是明日黄花，而他更是年逾花甲，一对相识二十多年的知己终于走到了一起，痴心相恋，如胶似漆。杜月笙说：“我终于知道了爱情的滋味。”这句话听来动容倾情。

而“冬皇”二字，并非虚传。看过她和梅兰芳的一张照片，艳容冷冽，一副孤寒的样子，但那时候的神情，呈现出难得的乖巧——女人只有遇到自己真爱的男人才会无限低眉乖巧。后来，再也没有过……

看过她穿狐皮衣的照片，基调是灰的，冷寒的，一派骄傲和贵气，一眼看过去，仿佛洞穿了所有。

孟小冬的照片少有微笑的，越到后来，越呈现出那种中性之美。不，她不妩媚，一点也不。漫漫岁月的涤荡里，她把自己的须生演到极致，而自己也慢慢成为中性之人，很少有女子把狐皮衣穿得不媚气，她就是这样的女子。穿在她身上，还是冷，还是自顾自地“独自眠餐独自行”的样子。

一个女子的枯寂，从眼神可以看出来。翻看孟小冬的每张照片，都充满了这种孤寂。即使从师学艺，她亦和师傅余叔岩一样，不轻易出来唱，一唱，就声惊四座，杜月笙六十寿诞大办堂会，她唱《搜孤救孤》，一票难求，万人空巷。

台下坐着四大须生之一马连良，他居然是与后来香港《大成》杂志主编沈苇窗合坐一个凳子看完这出戏，而另一个四大须生之一谭富英先生看完戏后连声称绝，遇人便说：“小冬把《搜孤救孤》这出戏唱绝了，反正这出戏我是收了。”

收了，就是不再唱了。谭元寿在回忆那天的情景时说，小冬唱得那叫讲究，就那个白虎大堂的“虎”，高耸入云，声如裂帛……每句唱腔都很干净，收音都特别帅……

真真是此音只应天上有。学余派八年，不仅得到了余派真传，而且一身傲骨越发铿锵。杜月笙曾拉着小冬的手说：侬晓得是啥个地方吸引我？侬有男子气质，色艺双绝，少年成名，但了孤傲似梅，没有一丝一毫奴颜媚气……

这句话说出来，算得知己。

她身上有难得的静气，无论是折服京城华盖，还是“冬皇”之名声震华夏，都那样冷艳安静，到后来，她为杜月笙收声，只因为广陵绝响，无人再是她的知己。

她嫁他时，已经四十有三，而他病入膏肓，身患沉疴，大势已去的他，却换来这红颜知己痴心服侍于塌前，她离开半步，他便喊她：小冬，小冬……在香港的九龙饭店，点了九百元一桌的菜，她终于做了他的新娘，却一个发已白，一个花已落。

两个人有一张结婚照，杜月笙着长衫，孟小冬穿旗袍，虽不比她十九岁与梅的绝世倾城，但那沧海桑田落寞相守的爱情，更让人动容十分——她是在梅处跌了一跤，然后，所有的伤痛都由他一一熨烫。我只觉得她早早就应该嫁给杜月笙，嫁这个疼自己爱自己的男子更好。在以后梅兰芳所有的传记中，几乎未提到她半个字，而那四年，哪里去了？她甚至面壁空腹多日，差点死掉，甚至为他差点出家……

倒也利落得应了那句话——“梅兰芳，今后我唱戏，不会比你差；要嫁人，我要么不嫁，要嫁就嫁一个跺一下脚，满城乱颤的！”

哪句都落了实。

我更喜欢她晚年的生活。

吃素斋念佛，教几个学生，满目山河空念远，多少旧事都去吧去吧。冬皇是曾经，她洗尽铅华，着黑色旗袍，黑色平底布鞋和最老式黑皮包，黑框眼镜，头发有时中分，看上去，有股凛凛的冷风——她的确是冷，一生中录音极少。她不让别人录，唯美到极致，当年的录音，她的最少。

只赠给画家张大千一盒，大千画了《六条通景大荷花》赠予她，也算得知音难觅。他题字，是赠予大家（此处念 gu，一声），可见她在张大千心里的地位。

曾想找几段孟小冬的完整录音听，都是断断续续，声音极弱，钢丝录音，加上年代太久，只能听得大概。但是全无雌音，那声声如裂帛，干净透亮，不似一个女子声音。

也听过须生王珮瑜的《搜孤救孤》，有了孟小冬的影子。人称小孟小冬。像只是形，神也有了几分，在霸州纪念李少春先生诞辰九十周年的晚会上，看到王珮瑜，整个晚会，只有她一出场让我眼前一亮——白色条纹男衬衣，打小领带，袖口雪白，一条低腰男裤，一双平底男皮鞋，短发似男子，眼镜配在巴掌大的脸上。当时就有小小遗憾——个子忒低了些，否则……举止做派，有了小冬的影子。

我看得动容，忽然想起孟小冬一生的孤傲绝响，在电影《梅兰芳》热播才被炒得翻天覆地，其实，她在自己的江湖里，一直是那个低眉的女子。

一个被戏迷山呼“冬皇万岁”的人，如果不肯低眉，怎么会在杜月笙江河日下时，坚定不移地守在身边？而且一代冬皇就那样心甘情愿地服侍一个垂死的人，真也是侠肝仪胆。她选择了孤寂相陪，并且在杜月笙死后，决绝而独自地走完余生——爱上过一个大海的女子，再也不会为任何一条小溪动容了。

夜听孟小冬的《空城计》，声音传来，成为绝响。她绝没有想到，一个与她隔了多年的女子，推开那扇旧门，看到民国女子孟小冬，正在台上唱余叔岩教她的第一出戏《洪羊洞》。而我在台下，遥遥相望，动情，动容，魂相牵，梦相萦！

祖母

*

*

祖母去世二十多年了，这么快。那年我才十多岁，尚不知世事，又过了青涩少年的青春，“唰——”就到了中年。

前几日与姑姑一家聚会，姑妈说起小时候：那时候你奶奶年轻漂亮，瘦高个，常穿青布裤子白布衫，头发挽一个髻子。她早晨起来烧水做饭，然后我们哥仨儿站在枣树下——那时我大哥拉二胡，我二哥吹笛子，我唱歌……这句话说出来，全场静了。

那是怎样的一幅美好画面，春日艳艳，一个女人在低头做饭，即使每日里劳作，衣服依旧那么干净透亮，三个孩子在枣树下拉琴唱歌。枣花开了，香气袭人。那大概是姑母最美好的记忆。而祖母的教育也影响了她的三个孩子——大儿子(我的父亲)一生痴迷于音乐、书法、科学，一把二胡拉了一辈子，并把自己的孙女送进了兰州大学音乐系二胡专业。叔叔一生喜欢吹笛子，参军后转业到辽河油田，晚年仍然保持浪漫主义情怀，常常一个人去周游西藏、青海。姑妈更是浪漫了一生，当了一辈子音乐老师，弹钢琴出神入化。姑姑说：如果没有你祖母，我们没有这样好的情怀。

而在我的印象中与祖母却不亲不近。

我儿时在一个叫南燕务的村子里长至八岁。母亲生下弟弟便把我送到外婆家。母亲与祖母关系一般，自然会将女儿送给娘家养。在八岁之前，我对祖母的印象寥寥。她那时照看叔叔家的孩子，母亲自然不满，而我与祖母的感情几乎是空白。

八岁，我回城里读书，总见祖母穿了白衫黑裤坐在枣树下听评书。哦，她长得真好看。和外婆比起来，真好看得多。身材亦好，瘦高的个子。外婆矮而胖，而且没有脖子，自然不如祖母好看。祖母身上有种莫名其妙的气息，这种气息甚是吸引我。她识过一些字，还会唱评剧和梆子，那些戏从她嘴里唱出来真是好听。

但祖母与别的女人比，有一种格格不入的气场，她几乎从不出门，常坐在枣树下听收音机，院子里有四五棵枣树，枣花开的时候落在她的发间，香极了。

我却并不靠近她。她天生让人有隔阂感、距离感——多年之后，我看着镜子中的自己，突然心头一酸，那潜伏了多少年的基因或DNA，它们扑到面前，似是故人来。

我已是，中年。

* *

人到了一定年龄会喜欢冬天，冬天像一个人枯坐在自然界——所有的绿色全落尽，天地一片茫茫。大雪之中，寂寞成了固体，碎银似的孤独铺满了星空。一个人坐在时光之外，又坐在时光之里，与永定河风中的鸟巢相依着，与冷冷星光相依着。

后来，我与她同住。她与祖父不睦，祖父去辽宁和叔叔住，她留下来，独自一人。

她的房间雅致，墙上是连环画《霍小玉》《穆桂英挂帅》……床下的柜子上有绿色暗花，纸糊的窗透出木头方格子，上面贴了她剪的鸳鸯。她仍旧一身白衫青裤子，美得有些沧桑，却自有让人想靠近又不能靠近的气息。

虽然与她做伴，却依旧不亲近。我说话是细声细语，她睡西边，我睡东边。我假装睡着了，听她跟着收音机唱戏，后来真睡着了——后来的后来，我与戏曲结下极深的缘分：去中国戏曲学院教学。去很多大学讲戏曲，写了《裴艳玲传》。有三四年时间，都在和伶人打交道，那时祖母已离世多年，如果她知道孙女能唱程派《锁麟囊》该多高兴啊！每每想起这些，总会想起祖母，但祖母早已不在。

祖母心气高，是小镇上第一个去北京的老太太，她每次去姑姑家都要去北京。在我小时候，北京是一个遥远的地方，而祖母能经常去，在北海、颐和园、故宫照了相回来，放在相框里，有邻居来便指给人家看。我站在一旁，恨她不带我。她不爱孩子，她爱她自己的世界——我越老越像她了，像得不留余地，像得片甲不留。

她带我去赶集市，不似外婆那样疼惜地问我想吃什么，亦不会牵着我的小手。她急急地走到前面，像风，白衫子还是那么白。她也有白发了，她的青裤子像有风。

我想我不爱这个孤傲的老太太，我比她还倔强，绝不撒娇，绝不讨好她，以一种敌对的姿态和她抗衡着。但她身上分明有一种气质，让我难以离开，那是远比外婆更要迷人一千倍一万倍的气息，莫名其妙却又欲罢不能。

她每每从北京和廊坊回来，都会带一些奇怪的东西——几个假领子、几块牛皮糖、一桶麦乳精……她把假领子给我缝上，说：小女孩，就应该知道打扮自己。那时我留着短发，穿着男孩的衣服，又丑又小又自卑，因为她的高个子、白皮肤，她的白衫子、青布裤子，因为她的居高临下，她的清冷。

她病了。姑姑和父亲小声说是不好的病。父亲脸色极难看，跑出去给辽宁的叔叔发电报。每当发电报，家中便是有极重要的事情了。

后来她在廊坊住院，母亲带我去看她。母亲说她快不行了。那天我的心情一直平静，从见她到离开。她也平静，叫了我的小名，然后又闭上眼睛。姑姑让我吃桃罐头，我便在一旁吃。

祖母临终时我不在，只有母亲和姑姑在。我在胡同里坐着发呆，也不悲伤也不哭，但就感觉心里乱得不行，乱极了的乱。那年我十五岁，她六十六岁。

我在地上写她的名字：牛素芹，写了一遍又一遍。

我和老师请了一天假，理由是我奶奶去世了。

我一直没有哭。

几年后，我长得又高又瘦。很多年后，我喜欢穿白衫子、青裤子。很多年后，我一边听着收音机一边跟着唱戏。很多年后，我亦清高冷淡，亦与他人格格不入，只做那个唯一的自己。

春天的时候，我与姑姑给爷爷奶奶上坟。坟边有水有草。姑姑跪在那里烧着纸钱，说：“爸妈。给你们钱好好花，别在那边吵闹了，好好在一起过呀！”我先看着火苗腾腾地着了，又看见火苗映在姑姑的眼睛里。

在姑姑眼睛里，我看到一个又瘦又高的女人也跪在坟前，她叫了一声爷爷奶奶，便泪落如雨了。

情怀

*

*

“情怀”是一个大词，有掷地有声的金属感。还有温度、光泽、体积和存在感。有情怀的人可亲可怀。

“情怀”二字让人动容。有情怀的人更让人动容——那分明全是对人间真意的交代，一笔笔，又隆重又从容。

读复旦学者张新颖所著《沈从文的后半生》，我几度哽咽。一九四九年以后就封笔的沈从文，在一九五〇年九月的日记中写道：生命封锁在躯壳里，一切隔离着，生命的火在沉默里燃烧，慢慢熄灭。搁下笔快有两年了，在手中已完全失去意义。国家新生，个人如此萎悴，很离奇。

一九五二年，他写下这样的一篇日记：三月二十七日在华大，早起散步“天边一星子，极感动”。沈先生心怀大爱、大美，一个有情怀的作家，怀了对山川河流的深情，怀了对凤凰永远的痴情的深爱，却在后半生饱受凌辱。然而，他看到天边的一颗星子、花花草草、坛坛罐罐仍然那般心动。美得那么让人心碎。多少年后，看到张充和在墓碑上为她的二姐夫撰书：“不折不从，亦慈亦让，星斗其文，赤子其人。”不免动容。沈先生担得起赤子二字。手边一套《中国服饰研究》，每一篇全是先生的心血。他待光阴、国家、爱情都如待日月山川，每一个细胞都热烈跳动，直至生命终了。

年轻时读林徽因的作品，总是纠缠于她和徐志摩、梁思成、金岳霖之间，格局太小。

真正的林徽因性格凛凛，几乎没有女友，抑或是因为她的美貌与才情？又一说性格粗暴，我倒更欢喜她脾气不好，脾气不好的人往往率真。战火纷飞时，她与梁坐着驴车行遍千山万水，积劳成疾，终患肺病，住在山东李庄整理那些老建筑资料。儿子梁从诫问：妈，鬼子打进来怎么办？她坦荡荡：投江呀，还能如何？那铿锵之态，才是林徽因。

去东北大学讲座。在林、梁二人住过的地方久久徘徊。三九寒天，孱弱的林徽因如何度过了东北的冰雪寒天？

深夜，听蒋勋先生讲《红楼梦》。听到深情处，心是热的、湿的。他于《红楼梦》，是天地有仁，是美在成久。连贾瑞、王熙凤他亦有深情与体恤，但凡世间万物皆有灵，蒋勋看得见《红楼梦》中每朵花儿的好，每株植物的深情。他仿佛与那里的每个人都是故交，都怀着体谅与懂得。

那么多人讲《红楼梦》，我独迷恋蒋勋先生的解读——因了怀着对人的悲悯与感激。

我还喜欢金农。金农的画不算最好，逸品中不会有金农。金农的好是因为他的情怀——梅花是拙朴的，哑妻是羞涩的……千朵万朵的梅花都是你的同谋。那漆书也只能金农写。朴素高深的东西，越简单的人越写得好。

“记得那人同座……忽有斯人可想……”这样的题款带着情义与温度。那人是谁？斯人又是谁？不重要。重要的是，金农在暗夜的梅花下有这样的情怀。

拍《最好的时光》时，侯孝贤已经五十九岁。还有许鞍华，拍《黄金时代》时，已经六十岁。他们仍然似少年，怀着笃定的激情，眼神干净炽烈，永怀赤子之心。也许他们并不是在拍某个人物，他们在拍一种渐次消失的情怀——有关青春、梦想、青涩、味道、气息……他们身体里一直有一根透明的、蓝色的骨头，招引它们一直向前、向前，那根始终都在的骨头，唤作“情怀”。

前些日子去日本，在银座找到一家久负盛名的“寿司店”。八十多岁的老人在做寿司，从年轻时做到现在，每天只做那么多，充分保证原材料的新鲜和口味的纯正。他做寿司的神情一丝不苟，有再多的人排队该打烊仍然打烊，每天只做固定数量的寿司。

“做多了就燥了，不好吃了，味道差了一点就不是我做的寿司了……”他的眼神永远那么专注，他对寿司的深情从一而终。执着便是情怀。

师友王祥夫，每到一城便去逛菜市场与杂货店，找当地的“苍蝇馆”寻美食……那写出来的文章，拙朴、厚实，带着新鲜生动的气息，那份朴素、踏实，亦是情怀。

我父亲，一生孤傲，朋友甚少。执着于艺术、天文、地理，每有知己，便通宵达旦说星空、时间、霍金。他保持对自然的厚朴之心，从不炫耀自己的技能，踏实过好每一天，到老都有赤子之心。

我母亲，总似古人的古道心肠。对门送来几个凉菜，她总要还回去几条鱼几斤肉。对素不相识的人，亦怀有同样的热情。我家每年春节都有陌生人来过年。是母亲从街上认识的流浪人。这个习惯，已经保持了几十年。母亲说："也是个人呀，除夕在外流浪多可怜……"我总认为母亲是魏晋时期的人，那样热的衷肠，那样烈的性子。

一位书法家写下这样的话：我向往那样的书写状态，自然至简，没有故作的娇柔，只是自自然然地书写，没有夸张的技巧，没有扭扭捏捏，没有什么佯狂，笔尽其势、腕尽其力……多像去盘转小叶紫檀，慢慢盘出油来，盘出自然的光泽，把光阴与岁月的耐心加进去，把挫折与伤痛加进去，去掉浮躁，保持天真，保持独立的思想，人格、情怀，不攀附、不矫情、不做作，依靠自己的精神强度，不依赖那些空洞无物的外在来装修内心，真正的情怀，是每个人的精神图腾。

那情怀是血肉，是骨头、筋，是每根神经的惊动，也是千年回眸时那定格的情义——你来不来我都在，你在不在我都来，更多的时候，情怀，是人生中的柴米油盐、相濡以沫、白头偕老，是爱生活，爱人生，爱这鲜衣怒马，也爱那时光惊雪、繁花不惊。

是日，收到老友手写长信，落在宣纸上的字仿佛跳舞，她问我干眼症好些没，又问天冷了否。她寄来一箱辣椒，是自家腌制的，附上食用方法，没有惊天动地，但每一个字都是情义、情怀。

那情怀明显地有着温度。

龙套

*

*

龙套的人生得多寡味呢？一生都在角儿的阴影里。站在那里，不发一言，绕场一下，呆呆地站着，像个木头人。

龙套是必须出场的几个人。作用只是为了烘托角儿的亮度，提升他的高度，衬托他的威仪。龙套越多，场面越大。他们只负责摇旗呐喊，手中常拿着门枪旗、红门旗、飞虎旗，或风旗、水旗、火旗、云牌……不过是眨眼而过，舞动一番，然后安静了，或者旁边站着，或者下了场。

有上场几分钟的，折十几个跟头，走十几个旋子，得几个好，下去了。有始终站着一个小时的，一言不发。听着角儿在那唱念做打，叫好声一片……

没一个是给他的。那也得站着，那是他的命。

有不认命的，拼了命地练，再加上天分，成了角儿。想起跑龙套那会儿，也是觉得势孤。

谁愿意跑龙套呢？不得已，没有当角儿的命，只得跑……怎么也得活吧？吃了戏子这碗饭，就得上台呀！站在那里，不是没有千回百转吧？还得让戏班子老板骂：你以为跑龙套容易吗？跑不好，换你！有泪？自己藏肚子里吧！

兵卒、夫役……小零碎的东西。只嚷一声："来了、有、啊、噢……"连配角都还有两句唱，那跑龙套的，谁记得住？也许还能记住丫鬟的样子，可是，谁记得给小姐提灯的女子？傻傻地站在两边，动也不动。

想想是悲哀的。

戏台上跑龙套尚混饭吃。生活中跑了龙套，永远和生活不沾边。在生活的最底层，蹭着生活的边缘。谁也没注意到他，谁也不会关心他——他死他活，是他一个人的事情，人微言轻。连父母都轻视他——学习不上进，大学当然考不上。性格又懦弱，当然不会有女孩子喜欢。

他中年才结婚，让媳妇管得透不过气，孩子生下来又不争气。在街上摆了小摊，赚不了几个钱，谁也不会帮他。从来没有人看得起他，不被重视……妻子和人私奔了，孩子离了家再也没有回来。早早死了，很快被人忘记——他叫什么？谁知道他叫什么——一辈子跑龙套，在生活的边上，在人生的边上，凄惨到悲凉。

写书立传，当然是写角儿。少年时如何吃苦，如何被知己相中，力捧到红。跑龙套的少年，吃苦几乎一样多。多数时候，命不好，连二路都演不了。站在台上，看着台下的观众沸腾，他心里不是不嫉妒——习惯嫉妒了，终于麻木。

他看到的都是角儿的光彩夺目，何尝想到个中心酸？因为一生都在人生边上，有时，整出戏龙套在官员后面一直站着不动，所以也叫“文堂”。龙套扮演的角色流动性很大，一会儿演士兵，一会儿演太监……有时，一个人演五六个角色。台下的人照样看不出，只顾把掌声给了角儿……有多寡味，就有多寂寞。

父亲的一个朋友跑了一辈子龙套。老了还在跑，他倒也自得：没有我们这些跑龙套的，哪有角儿的光芒？那倒也是。除了《夜奔》这类戏，有几出戏不需要跑龙套的呢？少了他们，台上就寡味，就无趣，就不生动——那黄沙滚滚，那人仰马翻，那旌旗招展，如何表现得出呀？

看《白蛇传》水漫金山那场，除了白素贞和小青，几乎全是跑龙套的。上来打了个昏天暗地，虾兵蟹将，几十人在台上纷战着，仿佛见着了波光粼粼中的一场恶战。也曾见演穆桂英的在台上与敌方交战踢花枪，她的功夫真好，一个踢六个人或四个人的枪。踢准了，满场叫好，可是，落地了，人们会说，那扔枪的是谁？真不负责。而真懂戏的人说，那扔枪的人，功夫也差不到哪里去。每天练扔枪，一扔几千次……听得人心酸。戏真无情，角儿就角儿，跑龙套就是跑龙套的，命也。

周星施在《喜剧之王》中演绎着跑龙套的心酸。一次次让人打，跌打滚趴，终成正果。有几个人可以有周星施的幸运呢？多数时候，不得不跑龙套……不跑龙套，干什么去呢？因为干别的，大概生计都成问题。跑龙套，至少可以解决温饱。

“文革”时期，那些生了歹心的跑龙套的，一脚踩下去——我让你风光，我让你是角儿！把一生的蔑视和仇恨全撒了出来，挂在角儿牌子上的铅还不够沉，于是，再加。真扬眉呀，真吐气呀——你不要以为人性有多善良，更多时候，遇到外因露出的狰狞面目，可以让人魂飞魄散。

刘德华曾是跑龙套的。他说：“我第一次见周润发时，他对我显摆他亮闪闪的劳力士手表，他说你看看。我就看着那表，心想怎么超级巨星讲这个。他告诉我，你只要拼命工作，以后也会有。”

由于周润发个子很高，刘德华为了和他搭戏跑到化妆间找高跟鞋，希望看上去高一些，结果找到一双三寸多高的鞋，以为这一次准行了。没想到他一进摄影棚就扭伤脚……读到此，不由心酸。以前对刘德华好感甚少，没有天分，又那么用功。现在，心里全是钦佩。

老百姓的话是：吃得苦中苦，方为人上人。而盖叫天旧居“燕南寄庐”的客厅名字叫“百忍堂”。不忍，不付出，一生只可能是跑龙套的。虽然忍了，努力了，也可能还是跑龙套的，可是，总要比一辈子傻看着不会尝试一下要强吧？

那龙套人生，毕竟是忒凄惶了呀！

*

*

临风听*春风十里柔情

把光阴与岁月加进去，把挫折与伤痛加进去，去掉浮躁，保持天真，保持独立的思想，人格、情怀，不攀附、不矫情、不做作，依靠自己的精神强度，不依赖那些空洞无物的外在来装修内心，真正的情怀，是每个人的精神图腾。

日本记

*

*

我第一次去日本，并不感到讶异和陌生，在飞机上就想到许多关键词：三岛由纪夫、川端康成、清少纳言、紫式部、小津安二郎、三浦友和、山口百惠、胡兰成、金阁寺、寿司、芥末、俳句……

年少时墙上贴满山口百惠的剧照，在电影院里看《绝唱》，喜欢那种枯寂冷静。后来又读过许多日本的文学作品，里面有空旷的清冷禅意，特别是俳句。在精神层面上，我对日本是熟悉的。禅修、读书、远行，樱绽放，忽暮年。日本的作家们喜欢时光的远去、樱花的掉落，以及人生的枯萎、壮美。

“雀儿也在梅枝上开口念佛哪！”

朋友素莲在日本待过六年。家中陈设受日本影响极大，榻榻米、花草、器皿。她说："你身上的气息与文字有日本的味道，你会喜欢日本……"

飞机上的空姐低眉而笑，细细的眼睛，她们胸前有名字：松本、横山、相泽。让人想起二十世纪八九十年代，电视上铺天盖地是日本广告：松下、日立、索尼、东芝、NEL、雅马哈、尼康。每一家几乎都有日本电器。

周围的日本男人有四五个在看书，口袋书，安静地看。午餐送来后静静吃完，再看。不与人交谈，直到飞机落地。

第一次觉得飞机餐不难吃。三文鱼、酱牛肉、鱼饭、寿司、面条。面条极少，配了青豆、芥末，惊喜的是还有一条塑料小鱼装了酱油。只有拇指那么大，剪了小鱼的嘴酱油流出来，洒在面上，极好吃。我个人偏爱芥末，去北京东三环"松子"和东四环"爱晚亭"吃日本料理时，总爱多叫一份辣根，那种辣味钻鼻子的感觉真好。像和一个人谈恋爱，到高潮了，弄不好鼻涕眼泪全下来了，过后又觉余味无穷。

飞机降落在大阪，机场并不大。坐船去神户，Portopia 酒店。朋友 W 来接，她在日本住了快十年，穿着简洁、朴素，手上有青筋脉络，十分瘦。笑起来也似日本人那样安静——她嫁了日本人，从此不工作，只在家带孩子煮饭，无事去学茶道、喝咖啡。

她曾是有名的文艺女青年，唱过许多摇滚歌曲，身上的刺青被洗掉了。她生了一儿一女，老公在松下公司上班。我不愿意住她家中，于是住酒店。住酒店有一种踏实感——不用打扰别人，也不要被别人打扰。

她介绍大阪机场，是全世界第一个填海造的飞机场。日本地少海多，很多地方在填海。

早早睡去。

总在路上，并无失眠，睡在哪里都一样。

早餐分两个楼层。三十层是西餐，二层是日餐，选择日餐。

被侍者领进去，安排靠窗位置。

吃了寿司、纳豆、圣女果、番茄汁、味增汤，又要了一杯冰水。我的胃病好了以后，喜欢喝茶与冰水，拒绝任何饮料。越来越挑剔，无论是美食还是人。

我们去了大阪，走了一条樱花路，九月虽然不是樱花季，但亦美得壮观。她说：四月的时候樱花全开了时，简直美得让人寸步难行。我知道那种寸步难行，在西农、武汉大学，最好的季节我都去过，美得果真让人寸步难行。

“二战”后，大阪被重修。在城里坐着发呆，与她聊旧事。我们上大学时一起爬墙头、醉酒、被男生背回宿舍、失恋、发神经、弹吉他……仿佛昨日。俱是平静诉说，没有波澜，她来日本留学，为躲避一场错误的爱情，未想到在此生根发芽。而且已将过去遗忘大半，云淡风轻地在讲。

九月的天气，初秋的素喜。久别重逢的旧友，坐在樱花树下忆旧。我们的少年都已不在，时光老去，慢慢享受安宁的时光。

去心斋桥闲逛，吃关东煮、日本面。还有一家螃蟹店，沾了生鲜和辣根，汤亦好得让人想再来一碗。在榻榻米上喝了些清酒。她又点神户牛肉，价格不菲。

神户牛肉全世界有名，神户牛品质纯良，所有母牛均为处子，听音乐、喝啤酒、泡温泉，工作人员还为其按摩。

养一头牛如养一个婴孩，三年后杀掉。牛的智商相当于三四岁的孩童，自知死期会落泪。为避免牛们神经紧张，牛肉僵硬，先令其喝啤酒使其醉之，然后卧温泉池中浸泡。半梦半醒之间将其电击而死，瞬间而亡。

友人说时神情甚是慈悲，但神户牛肉果真好吃。五分熟，只撒盐，不放任何多余材料，还原牛肉的本来面目。

在心斋桥药妆店买了很多面膜和眼药水，又淘了一只银镯。W 身上俱是黑白灰棉麻，身边走过的日本女子大多为此打扮。棉、麻。黑、白、灰。中等个子，化精致的妆。W 在国内穿绿色军裤、球鞋、染绿色头发、抽烟、酗酒。现在的她与从前判若两人，说话声音极低，笑起来亦从容。

街边草席上的人在吃面，竹帘子飘来荡去。每个小茶肆都有禅意。自动贩卖机买了一瓶法国依云水，比国内便宜很多。W 说："日本人很奇怪，日本制的东西都贵，进口的倒便宜。"

在心斋桥的许多小街小巷逛，看到日本老人。他们几乎都在工作。酒馆、咖啡店、书店、药妆店……为你服务的人可能已经七十多岁。穿着优雅、朴素，银发飘飘，自有安静的力量。

黄昏街头，"谁家莲花吹散，黄昏茶泡饭"。

她开车带我去海边吃烧烤，牡蛎、鲍鱼、鱼片、清酒，又要了辣根和味增汤。这天是中秋节，烧烤的小伙子是大连人，他说："今天是中秋节呢，中秋节快乐呵。"我与 W 吃了抹茶点心充当月饼，"每年中秋和春节还是有些伤感……父母不在了，也不愿意回去了……"

W 喝得有些薄醉，唱起日本歌：草蒲花呀，乍经霜露，忽绽放，忽枯萎。华给我发来图片，是月亮，家乡的月亮。华说：这是咱家的月亮，你在日本记得吃月饼啊！

日本在下雨，满街的人在撑着透明雨伞，这是个热爱素色的民族。

我想念故乡的月亮。

W喝醉，至凌晨，有了露水。两个人回酒店，又泡了温泉。日本人睡得晚起得早，特别是日本男人，极少下班回家，回家太早会被邻居和妻子不耻。W说她丈夫也是这样，每天和朋友喝些小酒才回家。大概要到半夜。凌晨五点即起，每天只睡四五个小时。

以后十余天，小酒馆中遇见许多男人在喝酒。面前一杯啤酒，一盘毛豆而已。喝到半夜，坐地铁回去。每日，每夜。W每天为丈夫放洗澡水，如日本女人一样妥帖。晨起为丈夫准备早餐和便当，便当午餐在公司吃。日本几乎没有早餐店铺，W说想念北京的油条、豆汁、褡裢火烧，那是她的前尘旧事。

京都。

来日本毋宁说是要来看京都。

东都洛阳的标本。

东都已不在，洛阳化成春水逝。

整个京都像一首旧唐诗。用美形容实在不够，古朴优雅沉静。旧宅、小巷、竹窗、木板、木屐、穿和服的少女——花开之暮，我的京都，归去来兮。

只有春云似客意，夜来为雨满长安。

整个京都的调子是低的、暗的，像颜色清浅的水墨画，但好极了。又说不出哪里好。禅意在日常，街巷、空气、味道。东山花东路，忽遇雨。

在廊下避雨，遇见穿白色和服少女，廊下映出她的安静，盘了发，在九月之雨中矗立。她不说话，本身就是一首诗，一阕词。

片刻，又过来一位穿黑色和服的少年。两个人在伞下细声细语地说话。久久注视他们，他们亦知道我在看他们，更像一幅画似的站着。W折了枝山茶送我，像带着风，我拍了这恋爱中的男女，他们与京都合而为一，彼此映照。

与 W 在京都闲逛。小街小寺，俱是入眼风物人情。门帘、粗瓷碗、清酒、寿司、鱼片。淘了几件日式衣服，清雅极了。有人坐在树下发呆，有人在咖啡厅里聊天。

咖啡厅老人居多。日本老人经历了日本高速发展期，有很多积蓄。打领带，穿着整洁、高雅、体面。尤其女子，妆容极精致。

W 亦化了淡妆。

“日本女孩子都要上化妆课。”

W 今天穿黑白格子上衣，黑裙子，系带皮鞋。“你不知道京都的春天有多美，这个古都有一种让人不忍再看一眼的气场，因为太美了……”街上几乎没有垃圾桶，垃圾自己装进包里自带回家。整个城市干净、古典，绿植到处都是。许多旧宅摆满盆栽鲜花，又小又茂盛。菊花开得到处都是，散漫而颓迷，极想堕落。

京都的艺妓极有名，《艺伎回忆录》大部分在京都拍摄。在日本很多小说中写到艺妓，不觉得俗气，只觉得是情色的山水画，那般灵动又那般销魂。

京都，金阁寺。金阁寺名气太大，以至于快离开京都才去。金阁寺的名字与三岛由纪夫的名字密不可分。华丽、璀璨、销魂蚀骨，这是对金阁寺的描述。昭和二十五年，二十一岁的僧人林承贤放火烧掉它，连同自己，连同供奉的国宝一同化为灰烬。

这样的故事不是令人惋惜，而是令人震撼。如同那迷恋《富春山居图》的吴洪裕，一生不娶，视此画为妻为子为至宝，临终交付侄儿吴静庵，一定随他一样化为灰烬，定在坟前烧掉。

侄儿果然听话，扔进火堆，随即又拖出，这是人间至宝，却已经烧成两截，小半在浙江博物馆，大半在台北“故宫博物院”。他宁可让它殉葬，亦不愿它留在人间。像李世民以《兰亭序》陪葬，美到极致的东西，仿佛毁灭比存在更有意义。

那小僧人点燃金阁寺的那个刹那，一定以为是人生最美的刹那。

就像三岛由纪夫写下《金阁寺》之后的自杀，震惊世人。

三岛由纪夫自杀前给每位亲人朋友写信，告之自杀讯息。仿佛去做一场时间的旅行，并不悲恸，亦不自怜。那好像是一场隆重的仪式，一场久违的盛宴。

彼时，日本已明令禁止剖腹自杀，他仍然选择了最古老最有武士道精神的死亡仪式——剖腹。

十七个月后，作家川端康成也突然自杀身亡，以采取含煤气管自杀的方式离开了人世，未留下只字遗书，相继三岛由纪夫而去。

那些日本的樱花知道，他们的赴死其实是赴一场久违的约会。与时光的约会，与樱花的约会，这是这个民族与生俱来的绝望。

在中国戏曲学院当教师时，一直推荐他们看三岛由纪夫和川端康成的作品，还有紫式部和清少纳言。日本作家有天生的绝望与悲伤感。二〇〇〇年日本发行过一张两千元的日币，背面是紫式部的照片，还有一段《源氏物语》的文字。

也许因为自身是写作者，便对这些作家格外关注，因为每个写作者都注定会孤独。孤独是他们通向灵魂深处的桥梁。

W 说我适合在日本生活。另一个朋友素莲在日本生活了六年，深受日本影响，无论着装还是饮食。芥末我喜吃，少年时一口也不能沾，否则鼻涕眼泪全来了。胡兰成从国内逃到日本，长期与川端康成来往，不知他后来是否喜欢吃芥末了？胡兰成也适合生活在日本，有那个趣味和调调。

趣味和调调很重要。胡兰成晚年文字愈发人书俱老——不能说与日本的生活无关系。他的墓亦在京都，但上面一字未着。

隔日，与 W 参加一对青年男女的婚礼。女子一身素白，男人黑西装，简直像在办丧事。结婚前日要去神社里拜拜，日本有意思的地方在于认为天地万物皆有灵气，皆可以一拜。有拜狐狸的神社，亦有拜乌鸦的神社，让人心生敬畏。

很多古寺的古木多，乌鸦也多。一对夫妻穿了笔挺的正装在叩拜。双手洗了，舀了水，先洗左手，再洗右手，再把水倒在左手掌心里喝了，所谓净水净心。眼神亦是最虔诚的。真好。

东京是我自己去的，W 没有再陪。

坐了东京地铁与新干线：五十多个出口，问了十遍八遍才出来。差点弄丢。

在银座逛街，银座后面的小街也可爱。一家温州人在卖日本铁壶。买了一把，万把块人民币，准备用来煮普洱和老白茶。一想就美得心慌。假如年轻时来日本一定买电器和化妆品，中年再来，买了铁壶煮茶更重要。

晚上去新宿。果然灯红酒绿。日本色情业繁荣昌盛，但都似乎理直气壮。正好下雨，雨中的男男女女，雨中的纸醉金迷……转了又转，觉得这是个不可捉摸的国度。

在新宿晃到半夜，回酒店睡觉。日本人爱鞠躬，所有人见了你微笑鞠躬，那种被尊重的感觉非常久违。

深夜，用铁壶煮了普洱，就着这些日本的小吃，一个人听雨。

我不以为在日本，我以为是在唐朝的长安或者洛阳，我是一个白面书生，穿了唐装，一个人在雨夜里，饮酒放歌写诗作画，这样一想，心里就咯噔了一下。

越南记

*

*

十年前我想去越南，只因为越南这两个字吸引我。

孤僻的人总是有奇异的想法，单为越南的名字好听便心心念念了。像一个女孩子叫桢楠，越南的名字倒像一个男孩儿名字，干净、挺拔。深邃的眼神，植物一样的清香。

越南的香气是清香的，是电影《青木瓜之味》中的香气，是杜拉斯在西贡遇见中国情人的香气——那是少女与少男的香气。在杜拉斯的《情人》中，越南有迷乱的情欲，那情欲又都是带着朴素与天真的。

电影中，越南少女穿着奥黛，纤细的腰露出动人的一截。她们的笑，亦带着香气，牙齿素白，桃花红杏花白，美得清澈动人。

但我却与越南一直擦肩。

M亦是喜欢越南的女子。我们相约一起去越南，躺在床上说着话，月光打进来，我们说坐着火车去越南。又有一次她去南宁采访，半夜给我打电话：你先飞来南宁，然后我们去越南，近极了。她的声音中有迫不及待的渴望。

那次我有事没去成。后来我又有机会去越南，和M说了，她便哭闹：不是说一起去吗？你怎么能一个人去呢？她的质问铿锵，又有千万委屈。那时她未婚，犹如少年般。

再后来在越南出了好几本书，长篇小说《刺青》《无爱不欢》《人生若相守如初》……那边联系我的编辑中文乏善可陈，叫我"作者"，这两个字真生动。那亦是第一次收到美金版税，后来将一部分给了一个叫B的女孩儿，她去英国读书。

亦没有想到多年后才去了越南。越南像一棵槐花树，落了一地的花，香气一直袭人。

及至真来了越南，不过是验证那香气而已。我只闻到奶香扑鼻。正是十月，越南女子展颜一笑，那是奶花树，每年十月开花，奶香的花？哦，是，一团团的小百花映衬于绿叶间，整条街全是奶花树，一片雪白，穿了奥黛的女子站在花树下，上衣是淡黄色，裤子是白色。她站在那里就是散文，就是诗，就是越南。

我连一丝陌生都没有，仿佛来过多次。河内的老房子，那些法国殖民时期的老房子，被刷成黄色，那黄色和这个稍显黯淡的城市居然妥帖——我重新闻到八十年代气息，闲散、幽静，没有慌张，人们在西湖边聊天、散散步，

**

越南的空气是散的、慢的，润的生活都是慢的。慢可以生出无聊的细菌来，那细菌滋生出的气息是散淡的颓。我在河内坐三轮车游西湖，亦觉得是在自己的杭州城。

恍惚间我仿佛到了杭州西湖边南山路。街边到处是参天古树，越南人告诉我，这些黄花梨从前用来烧火，后来大批中国人来买木头，从此价值不菲。

摩托车铺天盖地，密集到恐惧。夜晚的河内，摩托车的海洋，它们亮着灯，穿行于这个城市。街边的三轮车夫揽着生意，那是陈英雄的三轮车夫。人坐在前面，车夫在后面，三轮车的格局不同，景观便也不同。

铺天盖地的还有百叶窗，那是法国人留下了的印迹。白色、蓝色、棕色……风情万种的百叶窗，美到让人窒息，让人有偷窥欲望——那窗子里住着十八岁的少女珍玛琪，她在窗前等待中国情人。

越南曾是法国殖民地，法国人在越南盖房子、喝咖啡、吃面包、给小费，给越南留下挥之不去的法国气息，它与越南本地气息杂糅在一起，形成了难以名状的美感——又寂寞又销魂，又失落又慈悲。

更喜欢西贡。它现在叫胡志明市，愿意叫它从前的名字西贡。湄公河边，热带雨林。像积木一样的房子——长十五米，宽只有四米，每幢有四五层。密密紧紧地排着——那些门和窗真美得素然。百叶窗，仍旧是百叶窗，多以蓝色为主。那些越南人支开桌子，在自家门口吃饭、打牌、聊天、喝茶。越南人喝茶加冰，大冰块泡在茶里。看着不像茶，但到底是茶。

西贡的风是热的，咖啡馆飘出幽香。亦去菜市场逛，很多水果没有见过，有着热带水果的热烈。那些生动饱满的水果，像性欲极强的女子，垂涎欲滴。

在西贡街边散步，像走在八十年代。时间是慢的，像从前一样慢。要了一杯咖啡，越南咖啡，香气袭人。听两个越南女子聊天，她们穿了奥黛。我的审美里，奥黛比旗袍更好看。她们说话像在唱歌，越语中有不急不缓的跳跃音符，那么美，有不动声色和面无表情的美。像越人歌，心悦君兮君不知。

越菜加有咖喱。淡淡黄夹在糯米饭中，香得浓艳。米线也好，鸡汤里加上长亮白的米线，又佐以香菜、香葱，小米、鸡丝……越南酱油亦有香气。我在河内街头吃米线，周围是一群群的越南人在吃米线。

坐木船去游热带雨林。木船被漆成蓝色。那蓝色是明媚而忧伤的，像怀斯的画，也似凡·高的《星空》。热带雨林中的水椰子垂到水里，摇船的男子露出洁白的牙齿，指着岸上房子说：那是我们的家，我有两个孩子，一男一女。

他唱越南歌给我听，越歌有清简之味，可闻竹香。我们用不流利的英语交流，他请我抽烟，我们一起唱歌。

越南的空气是散的、慢的，润的生活都是慢的。慢可以生出无聊的细菌来，那细菌滋生出的气息是散淡的颓。我在河内坐三轮车游西湖，亦觉得是在自己的杭州城。

路边有金山寺。这三个字让人想起白素贞，但到底是越南。

在西贡的老邮局寄了一张明信片。法式建筑的老邮局那么美，电扇转着，说着各国语言的人在那里寄信。

又在教堂外坐着发呆，看着摩托车鱼一样穿行。身边走过越南女孩，她回头，我亦回头——我迷恋这刹那交辉的光芒。她展颜一笑，牙齿极白，如贝。

离开越南的时候我做了一个决定，一定再来，住上几个月，租辆自行车，骑遍河内、西贡的大街小巷。

广州记

*

*

广州真是个好玩儿的地方。我上次去广州还是二〇〇六年，转眼过去八年了，真快。

M在《南方都市报》当记者，每日里活色生香地描写广州：早茶、粤语、沙面、肠粉、榕树、三角梅、木棉花……后来M也离开了广州，去青海结婚、生子……

我住在了沙面。从前的租界。殖民地时期各国的领事馆，比外滩的房子更洋气：红的、绿的、黄的……大叶榕和小叶榕都有上百年了，纵横交错的须子与根纠缠在一起，像一个有趣儿的老头，老了但仍然有趣味。那些老教堂、老房子、老树，都像被时光拧了一把似的，分外颓散，却散发出格外迷人的气息。

整整七天，我都住在沙面，白天去广州的老街老巷转，晚上再回沙面喝猫屎咖啡、散步，与遛弯儿的广州人聊天，那些住在沙面的人遛狗，我们在参天古树下走着，榕树的须子缠住我的长裙。

这已是十一月，北方已飘雪，广州依然25℃，桂花香扑到衣裳里，广玉兰的大叶子神秘幽荡，月亮升上来，星星落在肩上，沙面有条不长的塑料跑道：我便在那里跑步，直至凌晨。

广州的精彩是从早茶开始的。哦，广式早茶太有名了，说说都要流口水：豉汁凤爪、豉汁排骨、陈村粉、红豆桂花糕、艇仔粥、云吞面、沙河粉、及第粥、双皮奶、榴莲酥……成千上万种，不在广州住上一年，吃不完的，就是住上一年，也吃不过来，广州人太会吃了。

沙面附近的陶然轩、兰桂坊、侨美食家早茶都好。特别是侨美食家，每次去都人头攒动，以广州本土人居多，以老人居多。晨练完之后，约了三五人喝早茶，大多是老伴儿，面前一份报纸，手边放大镜，一份虾饺、一碗菜粥，茶有大红袍、普洱、铁观音……茶位费每位十八元，喝与不喝都一样。一进门便看到蔡澜照片在墙上笑着，美食家与帅东家的合影。吃出花来也是本事。

我每日要喝生普。滚水沏了，先喝茶再点餐。早茶持续到下午的两点半，然后又是下午茶、晚餐、夜宵，我疑心广州人二十四小时全在吃东西，他们太会吃了。但他们仍然干、瘦。这大概只能说与气候、基因有关。

我爱吃泮塘马蹄粉，据说对眼睛极好。肠粉也好，白如雪、薄如纸，又嫩又滑。虾饺更好，水晶一样，一咬全是虾仁。烧麦上有肥嫩的猪肉粒，又黏又糯。甜点是榴莲酥与蛋挞，要个双皮奶……每天扶着墙从饭店出来，反正周围全是说粤语的人，我们北方人管那叫鸟语。不重要。但的确像鸟儿在鸣叫，很悦耳，很绿色，荡漾极了。

广州人早茶要吃到十一二点，一款早茶怎么也得百八十。广南是先富起来的那帮人，有钱，又有闲，广式早茶越吃越会繁花似锦了。

之后我去珠江两岸闲逛。我住沙面宾馆，对面便是“白天鹅”宾馆。白天鹅——我少年时代便向往这个酒店，那阵刚改革开放，中国第一家涉外的五星酒店，全国人民都知道广州有个“白天鹅”。那阵有个电影叫《一个女演员的梦》，取景便是白天鹅。可惜我去时白天鹅楼址一片漆黑，正在装修。广州现在连六星、七星全有了。但白天鹅在那，八十年代的记忆在那。

珠江两岸很多人在唱戏、拉小提琴、打太极、跳集体舞。只不过，唱戏的是粤剧，我想起《胭脂扣》如花与十二少初相遇，也是唱的粤剧，忧伤极了。粤剧有一种特别明媚的忧伤在里面，也说不清，但就是听了想哭。就像北上广三个城市，北京是男人，上海是女人，广州很中性，人到中年，有丰富的性经验与生活经验，时而妩媚时而阳刚，但就是有那么一股子说不清的劲儿，像荷尔蒙时不时跳出来。这种带着点邪恶的罂粟气息的劲儿，只有广州有。

在那些公园和街巷里，到处有唱粤剧的人。有时是一个人，对着树唱。仿佛树听得懂似的……还有两个老女人，在老榕树下对着 VCD 唱《梁祝》。都有七十岁了，顶着一头白发，顶多一米五，深情看着对方唱《梁祝》……我快哭了，就坐在榕树下听她们唱。我听不懂，但知道必是深情款款。

又去西关游荡。小吃一条街，吃了酸奶、红豆粉，坐在塑料椅子上看花儿。广州的花儿真多，每家屋子的窗台全种花，三角梅居多，也有木棉花、杜鹃花、桂花、玉兰……卖花的人也多，春节时有花市，家家买金橘，意味来年大吉大利。西关老街的老人不会说普通话，就那样直愣愣说着粤语。我指指点点，要了一碗濑粉吃，又要了酸梅汤、茯苓糕，闲散地走在老建筑和教堂里。

广州教堂真多，大概和传教士来得早有关系。广州人做买卖也灵活，随便提起一个市便不得了：东莞、佛山、汕头……我又吃了几顿潮汕菜，看了广州博物馆的潮汕老房子和潮汕木雕。潮汕地区有意思，据说女人吃饭仍不上桌，老房子仍旧保持宋代以来的中原气息。我便计划着去潮汕了……那里还有很多客家人，语言不懂没关系，有眼神，而且还能比画呢。

又去上下九晃悠。那些骑楼建筑真好，下了雨在廊下走，慢慢逛街，十块八块的衣裳也有卖。上下九在多年前相当于“香港”两个字，洋气得不得了。附近有批发市场，简直万人空巷，仿佛每寸空气全是钱。拉货车的小伙子永远在跑，大小包裹被扛在肩上放入车里运往全国各地。街边小吃二十四小时在炒河粉。教堂安静矗立，冷眼喜欢这个三十年来的热火朝天。

大时代每个铺位只有一米，月租金五六万，批发衣服的姑娘们包里全是厚厚的钱，浓妆之下是疲倦。我在“大时代”门口买了块七块钱一斤的烤红薯，又花一百八十元买了一个真皮棕色双肩包，十五块钱高仿香奈儿珍珠项链，觉得自己心脏突突地跳。太快了，太快了，快得要窒息了。

又去珠江新城。新得那么光芒四射。广东博物馆、广州图书馆、广州大剧院、海心沙、小蛮腰……风情各异的建筑，设计独特、别致，四季酒店常常有阿拉伯的富翁在喝下午茶……新城新得彻底而华丽。

我在新城喝咖啡。星巴克，焦糖玛奇朵，又要了一款新出炉的核桃面包。窗外是车水马龙，高楼耸立，到底是广州。

来了广州当然要去中山大学。

红墙绿瓦。985 院校大都去遍，唯遗漏了中山。近乡情怯，因为陈寅恪先生。他最后二十年在中山，双目失明，双腿不便，却用七年时间口述，写下《柳如是别传》。南明的那一段悲歌，那个时代知识分子的气节，他也是写自己时代的气节。

他没有应邀北上，也未跟随蒋介石去台湾，留在中山大学任教。中山大学因为有了陈先生，格外不同。

那些老树也真是美。白千层。一进校门便是两大排白千层。问很多学生、路人，这叫什么树，几乎无人知晓。难道这么美这么粗壮、苍老的树没有人去追问吗？终于知道，赶紧去百度，桃金娘科，又高又粗又美。这是我第一次见到白千层树，简直被震撼到了。每当我想起中山大学，我第一想起陈寅恪先生，第二便想起白千层了。

当然还有栎树、榕树、玉兰……中山大学的树都成了精，是够老了。我想，陈先生是不是舍不得离开这些树呢？如果我，肯定是舍不得的。

终于到了先生故居。三层红砖小楼，二楼是他育人教书的地方。几张书桌，窗外是绿树、草地，静谧得很。也走了那条“陈寅恪”小路，白色的，那是他还有微弱视力时所修，只为他走起来方便。因为也有眼疾，内心便格外寂寥，呆坐了一会儿，看到墙上先生与妻子的照片，十分端庄。只有内心安宁的人才会有那样的端庄，真是说不出的好。

我在中山大学逛了很久。在红砖绿瓦的老房子里发呆，在那些白千层、栎树、榕树下发呆，日头一点点沉下去沉下去……

晚上，我去吃了海鲜。黄沙的海鲜市场。那里的海鲜又鲜又正宗，大闸蟹只要二十元一只，蟹膏肥美。现蒸了吃，还有刀鱼、大虾、扇贝……自己亲手挑了，直接去后厨……空调和电扇开着，我家人来电话，说北方下了雪。

我坐在电扇底下，吃螃蟹喝小酒，闻着窗外桂花香，美不胜收。广州如果是一出戏的话，压大轴的便是夜游珠江。如果是一首曲子，高潮也在夜游珠江。

八十八元一张门票，上了游轮。夜色中的珠江两岸一片灯火。老建筑，新建筑交相辉映，珠江的风吹起头发，粤剧在婀娜地唱着，那些霓虹灯闪得妖媚而放荡。夜色里的广州像一只兽，气咻咻地喘着，仿佛要吞噬你……这样的夜色，足以用性感二字来描述。我点了一支烟，看它和广州夜色一样明明灭灭，动人极了。

沙面，夜宵。又吃了很多又甜又黏又糯的广式小吃：蜜汁餐包、鲜虾云吞面、生滚菜心烂粥、鲍汁腐皮卷……我吃得很饱了，但好像仍然没有饱，我真想吃一锅酱油酱的排骨、纯碱大馒头、玉米粥、咸菜……我有一幅北方的肠胃，我想念我的北方了。广州，到底是人家的广州。

回到北方后，我开始煲汤了，随便几片青菜叶子或者骨头便让我煲成了汤。有一天我走在 L 城街上，看到有一家小店写着广式小吃。我走进去，点了一个皇鸽仔饼，一个 XO 酱炒萝卜糕，尝了却不是记忆中的味道。有些东西，只有在本地吃才有那个味儿。

是夜，我梦见广州。在沙面的榕树下点了老火白粥和枣蓉糕，吃得口水都流了出来。树下有唱粤剧的女子，像是如花。我穿了件白衣，还留着一头长发，醒来时有些伤感，很快过去。

我还会再去广州，只为广州的活色生香。

老树画的画

*

*

“老树画画”很火，火遍大街小巷。朋友圈每天都有人发布老树画的画。妙极了。老树有很多粉丝，那些人根本不懂画，不知道黄公望、倪瓒、范宽、董其昌……但他们知道老树，并且喜欢得很。我知道那些画家，并且常常去各大美术馆看画展，看了几年仍然一头雾水，待看到老树的画时，方才被棒喝一般……这个，才是画画嘛。

仿佛看到丰子恺，又仿佛看竹久梦二，又不是他们。丰子恺爱画家长里短，竹久梦二爱画梦境。老树画的是天地光阴，还有光阴里孤独地扛着花的那个人，格局一下子大了。他画的是孤独，孤独里那朵儿灿烂的花。他画的是他自己，那个活了半生仍然孤独的人。

没见老树之前，开始临摹老树作品，那些他笔下的花儿呀，妖死了，玉兰、海棠、铜钱草、梅花、梨花……一经老树笔下，那些花儿便被附了妖气，个个儿成了小妖精似的，又媚又荡又纯洁。之前也看吴昌硕、齐白石，九成的人说是大师，欢喜得不得了。我亦没有惊喜，只觉黑乎乎的一坨又一坨，名曰金石气——也许我没见识，我不喜欢金石气，以及模仿他们的千千万万画家，大牡丹涂了一朵又一朵，挂得满墙都是。吓死人了，无半点清丽之气。

老树开了一代画风，他可能不自知，就是自知了也并不觉得如何，只还那么画着——“待到春风吹起，我扛花去看你。”这是了悟，是禅意，是从八大一步再跨过来，有了地道人间烟火气的禅意。

我准备去拜访老树先生，但并不认识。

也觉得冒昧，但冒昧就冒昧了。于是微博上给他发私信，“老树先生，我是小禅，想去拜访您”，单刀直入。几分钟便得到老树先生回信，“来吧”，并告之地址。自然欢喜。那是二〇一五年一月十九日，二十日早晨便出发，与小金同学奔了北京，中央财大。年前在央美讲座时，中央财大同学还递来请帖，邀请去中财大讲座。想想真有缘。京剧书店的老白也是树迷，已经在中财大等着了。

按照老树先生给的地址推门而进，看到光头的老树，大家纷纷叫老师。本来以为他一个人一间办公室，未料想一屋子有四五个人，他在门口的位置，铺了张画案，堆了乱七八糟的书，比平常一些小画家的画案还小。画案上有一幅未完成的画作，依旧是长衫男人，孤独地站在花树下。

老树热情泡茶，茶杯极大，非常豪放。

老树开始聊天，语速极快——几乎不允许别人插嘴，海阔天空、自由自

直指人心的美想来令人忧伤——在最美的事和物面前，好多词语无能为力，无能为力还在次要，真正的美是邪恶的，是要伤害人的。

* *

在。说起他的少年、南开、出版……山东人的豪爽坦荡一览无余，我说我祖籍也在山东，他说我像他妹子。

他说喜读杂书，前几年还读了几年养猪的书。自幼家贫，家里养猪，极怕闹猪瘟，猪一死便没了收入，天天哄着猪吃食，嫌猪长得慢……过年便在猪圈贴上对联：春出千车粪，秋出万担粮，横批：好大肥猪。怕猪生病，盐碱地去刮硝，刮了硝给猪吃，猪就开始拉肚子……他讲得有趣，这厢已经笑得前仰后合了。

他又说起报南开是怎么回事。山东人向往南方，他一直想去南方大学，刚恢复高考，他报志愿时说想报南方，老师说："那就报南开吧"。通知书来了便傻眼了，怎么是天津？南开不是在南方吗？我们笑翻了。又说起南开许多，我青春的记忆和这所大学密切相关，先生也是南开人，南开化学系，比老树晚毕业十年。

老树说南开的化学系比中文系牛多了……老树在南开大学学中文，师从叶嘉莹、宁宗一先生。叶先生是大师顾随的学生，战乱期间还随身带着顾先生的讲课稿。宁宗一老师喜欢戏曲，带着老树他们去看戏，人又长得帅，总是迷倒很多年轻女孩子。我和小金恨不得又去拜访宁先生，在老树嘴里的传奇人物必是传奇。

可惜当时我还武陵年少，只知每日在南开闲逛看花，并未有机会去听叶先生和宁先生的课。

老树毕业后分至中央财经大学教书。至今仍教书，曾经也写作，当年在著名文学刊物《十月》上发表中篇小说《夜行者》迷倒众生。那是一九八九年，很多人做着文学梦。我也不例外，一九八九年发表了处女作。我记得清楚，那一天是四月五日，天气已经热了，我激动得一夜未睡，在霸州一中的操场上走了整整一夜。二十世纪八十年代，文学是人们心中的圣殿。

谈了两小时，老树半句不提他的画——他的小说，他的电影评论，他的摄影、他做出版……都曾经是翘楚。“画画算什么？什么都不是，画画纯粹为了好玩……他掷地有声：“你把这个事当作个事纯粹是藐视自己！知识构成太重要了，文化需要养，不养怎么行。”我的朋友H看了老树的画，这个近五十岁的男人看了无数的画、书和评论，突然感叹了一句：“老树把繁花似锦整到了无人的境界！”这句话真是太“庄子”了。

有人说老树跨界，“哪他妈有界呀，这是骂我呀！”老树爱爆个粗口，坦荡荡的粗——“世间破事，去他个娘”，听起来十分熨帖、舒服。“《西游记》是本修道的书。《红楼梦》才是江湖，王熙凤才是奇迹。打打杀杀刺条青龙不叫江湖，那顶多叫黑社会……”老树说话干脆利落，兵不血刃、提刀便来，能量忒大。容不得你消化，另一盆又扣上来，非一般人难以消受。简直是几何能量。

聊到中午，一行人去吃饭。

他穿着极随意，简直太不像老树，但这就是老树。他自己也说：“看了我的画，再见我的人，我更像杀猪的。”他是拈花微笑的人，他是“禅是一枝花”中的那枝花。杀猪也好画画也好。有灵性有心性就好，入了化境就好，那化境得真化开了，得用光阴养，用文化养，用生活养。

步行去中财大路边小饭店。老树也不会开车，我也不会开车。我对开车有恐惧感。我今年刚振奋了一下精神想去学，转眼又觉得不如画画写字唱戏美，算了。

小店主打川菜，上了二楼，偏安一隅的角落。老树画画，我点菜。他拿了自己的书《花乱开》，开始在扉页上画画，极细的碳素笔，还是画那个孤独的男人、花、树，我点了麻辣香锅、干锅花菜、木耳、剁椒鱼头……全是辣菜。

老树说："女人都爱吃，生养生养，活下去养孩子……"又是顿悟之语："男人为繁衍担心……"他耐心地画了三幅画送给我、小金、老白三人，每一笔都认真，这样的诚恳与谦卑，不言自明。

他要了两个扁二。小金与老白开车，不喝酒，我陪老树喝，边喝边聊。他不怎么吃菜，烟抽得猛，追忆似水流年，半字不言画画。他因"老树画画"声名鹊起，并不以为然，绝不矫情，一矫情就傻了。我也极少谈及写作，有什么好谈的呢？那些同行夸夸奇谈时，我觉得羞愧难当，没什么好谈的，想想如何把一锅红烧肉炖香就好了。

两瓶扁二喝光后，老树问：我能再要一瓶吗？口气像个孩子，相当可爱。

当然能。

第三瓶扁二。

"他是个心在天上游荡的人，他的画直指人心。"有朋友给我发短信表扬老树。

老树不在意。像张火丁不恋台，像裴艳玲的孤傲，不在意就对了。有什么好在意的呢？恰是不在意，便是大格局。

有人在老树的微博下留言，说他的诗不押韵。他也跑去解释，你写首我看看！天下本来无分，大俗即是大雅。老树简单配的几句诗，其实是他半生和造化酿成的绕指柔，是四两拔千斤，是低眉的瞬间，拈了花淡淡微笑。

“春天里的花，夏日里的花，秋风里的花，开不过心中的花。”这几句话读起来让人心里发颤。也说不出什么心里就疼了起来，直指人心的美想来令人忧伤——在最美的事和物面前，好多词语无能为力，无能为力还在次要，真正的美是邪恶的，是要伤害人的。

我们都被老树害了，我们中了美的毒，又危险又充满了欲罢不能。

“溪水一旁，住两间房，捆几册书，有些余恨。青山在远，秋风欲狂。世间破事，去他个娘。”老树在山东的家里还有间平房，每年都回家看看。“家永远在那儿。”

我们聊到下午两点半，已是饭店最后一桌。我们结了账，老树有些恼，“你们看不起我，向来我结账，这儿是我的伙房。”我约了他去L城吃肉，我去菜市场买新鲜的五花肉，老白负责接不会开车的老树，小金负责带着不会开车的我，约了来吃我炖的红烧肉。

“待到春风吹起，我扛花去看你。”我也等着春天，等着老树先生来吃我炖的红烧肉。

冷瘦侘寂的八大

*

*

在八大故居听雨的时候，我是有些恍惚的。但十一月底的南昌也阴冷，雨从早晨开始下，我撑了一把伞来看八大。

这简直是上天注定的雨天，冬雨。也恰巧是我独自一人，来赴一场约会似的。八大是孤独绝凉的，是冷瘦侘寂的，世人皆知他，然又有几人真知他？

院子里香樟树和桂树极多，特别是香樟，几百年了，朴拙地活着，阴雨天，八大站在院子里，眼神是瘦的，精神也是瘦的。我站在桂树下发呆，想他当年如何悲苦卓绝。每一张画都有放纵、不甘、恨意，都有触目惊心的孤独。孤独是有体积有重量有面目的，越是一个人，越张牙舞爪地来了，成群结队地来了，它们欺负八大呀。

恰逢明末，王孙贵族流落街头。去为妻儿乞讨，再一回头，已是永诀——妻儿再也不见，他隐于古寺，遁了空门，写诗、画画，静听光阴一路残杀过来，笔下孤独绽放蔓延，那些鱼、鹰、鹿、孔雀全翻了白眼看世间，那些莲花全失心疯了，不要命地开着——这荒沙遍野的孤寂如死灰沉沉、简素、老朽、幽暗、冷瘦、节制……但那是八大的黄金时代。于艺术而言，愈是孤独愈是绽放，那种孤绝似冷刀出鞘，闪着寒光的美。一时间，惊艳了那个欲倾的时代。

在新馆里，我看到他的真迹，真想落泪。那荷残得风骨飒飒，墨也疯了，泼得啊，到处都是了。我连叹真是好。看画的保安伸过头来：我天天看着它，说价值一个多亿，实在看不出好在哪里……他揣起手，直摇头。我在那画前像个孩子，硬生生地不知所措，只想他活过来，我当书童也好，看他画画、孤独、发痴……

更喜欢那旧馆，前后两进的四合院。四面有廊，中间的池子里有水、有花，还有一棵高大的柏树。我不确定它是否是柏树，但葱绿极了。那么好的嫩绿，春天似的。屋檐上灰色的瓦，雨很大，流水声萧瑟动人。也恰好只有我一个人，陪着八大在听雨。

雨声淅沥，我录了一段视频发给朋友，告诉他：这是八大院子里的雨，他的魂儿也在，在屋子里画画呢！朋友那里是北方，正刮风下雪，听了雨声说：仿佛一屋子的湿气呢，可真好。

我就在那老院子里听雨，没有芭蕉，但有一种孤绝和动人直指人心。看似薄情，实则深情。恰到好处的孤独与深情，绝不温暖，但足以心仪。

我在游廊里走着，听着雨声。冬天的雨声似金属，一声声极饱满——我舍不得放弃每一声落雨的动人与美妙。这是与八大共处的时间，他的孤独，我的孤独，一切恰如其分的好。这雨声里的蔓延，这整个上午的销魂。

齐白石、吴昌硕……他们都学八大但学得不好，八大不仅有孤绝，八大还有一脉天真。这一脉天真并不是每个人都可以学去，那是历经了国破家亡、妻离子散后的苍老的天真，那是最清澈最干净的微笑，那是只有八大才有的荒凉的真意。

那一水濯寒瘦枯的山水，是八大心中的风景了，非至中年，哪里能对这样的山水动容？人生得意时要在牡丹花前笑，要指点江山写诗作赋呢。哪里会有心里这些寒山瘦水？那个一生都在大雪纷飞中行走的人，就是八大。

有时候一个人听戏，听裴艳玲唱《夜奔》会想起八大来，他一个人在夜奔，满上头的孤鹤与残雪。他拄着拐杖，一个人走啊走，一直走到八十岁——历经劫难的人往往都长寿。他早已把挫折与伤害做成花朵别在自己衣襟上了，并且知道如何自己与自己取暖，露出干净温暖深情的微笑。越是受过伤害的人，愈是渴望温暖，并且能露出最温暖最深情的笑容。

可惜我那么晚才开始看八大、读八大。年少时，一路只觉繁花似锦，看那牡丹盛开，花团之外的白衣老人一闪而过，我从未留意他的孤独。

直到中年，孤独亦那么隆重袭来，扑到八大画前，内心烈火被熄灭，但分明不动声色中俱是暗流涌动——说遇见的总会遇见。就像我刻意选择冬天、雨天来与他叙旧。

八大是我的故交。王祥夫老师肯定也来过，他坐在这里抽了一袋烟，我坐在这里听了一上午的雨。雨真好听，听一上午也不烦。雨也没有要停的意思，有些湿润，但恰恰好映衬那份寂寥。真正孤绝的人都寂寥，随时随地，不分季节。

“那个疯僧人……”有人管他叫疯子。他自己立于悬崖边上唱歌，中国画都是心迹画，每张画都是画自己，稍微一用力，便是晴天响雷一样的孤独。

我在南昌一个叫“无相壶”的地方喝了很多的茶:“文革砖”“八八青”“九九绿大树”“八三八二”……也正好在下雨，这些老茶厚道、醇正、绵长，那时我特别想叫一个人来与我一起喝申时茶。这个人，只能是八大山人。

我也喜欢他的另外的名字：雪个、个山、道朗，特别是雪个。那些印章也真是美得陡峭：朱文、白文，都好得逼仄。

我就这样在他的故居里听雨，听了一个上午，没有听够。我约了他再来听，雨前摆一壶陈年普洱，挂杯是“西瓜香”，我们一起看着扑面的雨，发呆，不说一语，一言不发。

图书在版编目（CIP）数据

在薄情的世界里深情地活着 / 雪小禅著. -- 南京 : 江苏凤凰文艺出版社, 2015
ISBN 978-7-5399-8382-0

Ⅰ. ①在… Ⅱ. ①雪… Ⅲ. ①散文集－中国－当代 Ⅳ. ①I267

中国版本图书馆CIP数据核字(2015)第107469号

书　　名	在薄情的世界里深情地活着
著　　者	雪小禅
责任编辑	黄孝阳
出版发行	凤凰出版传媒股份有限公司 江苏凤凰文艺出版社
出版社地址	南京市中央路165号，邮编：210009
出版社网址	http://www.jswenyi.com
发　　行	北京时代华语图书股份有限公司　010-83670231
经　　销	凤凰出版传媒股份有限公司
印　　刷	北京中科印刷有限公司
开　　本	710×960毫米　1/16
印　　张	20
字　　数	300千字
版　　次	2015年9月第1版，2015年9月第1次印刷
标准书号	ISBN 978-7-5399-8382-0
定　　价	49.80元